俄 国 史 译 丛 · 历 史 与 文 化

Серия переводов книг по истории России

Российские монополии в зеркале прессы
(газеты как источник по истории
монополизации промышленности)

俄国工业垄断（1914~1917）：
媒体记录的历史

〔俄〕戈里科夫·安德烈·格奥尔吉耶维奇／著

Голиков Андрей Георгиевич

张广翔　白帆／译

社会科学文献出版社

SOCIAL SCIENCES ACADEMIC PRESS (CHINA)

本书根据莫斯科大学出版社 1991 年版本译出

俄国史译丛编委会

著者简介

戈里科夫·安德烈·格奥尔吉耶维奇（Голиков Андрей Георгиевич）　历史学博士，莫斯科国立大学历史系教授，史料学教研室主任，主要研究方向为历史编纂学、史料学、史学理论。出版专著 19 部，发表学术论文 90 余篇。

译者简介

张广翔　历史学博士，吉林大学东北亚研究院教授，博士生导师。
白　帆　历史学硕士，吉林大学东北亚研究院博士研究生。

总　序

　　我们之所以组织翻译这套"俄国史译丛"，一是由于我们长期从事俄国史研究，深感国内俄国史方面的研究严重滞后，远远满足不了国内学界的需要，而且国内学者翻译俄罗斯史学家的相关著述过少，不利于我们了解、吸纳和借鉴俄罗斯学者有代表性的成果。有选择地翻译数十册俄国史方面的著作，既是我们深入学习和理解俄国史的过程，还是鞭策我们不断进取的过程，培养人才和锻炼队伍的过程，也是为国内俄国史研究添砖加瓦的过程。

　　二是由于吉林大学俄国史研究团队（以下简称我们团队）与俄罗斯史学家的交往十分密切，团队成员都有赴俄进修或攻读学位的机会，每年都有多人次赴俄参加学术会议，每年请 2～3 位俄罗斯史学家来校讲学。我们与莫斯科大学历史系、俄罗斯科学院俄国史研究所、世界史所、俄罗斯科学院圣彼得堡历史所、俄罗斯科学院乌拉尔分院历史与考古所等单位学术联系频繁，有能力、有机会与俄学者交流译书之事，能最大限度地得到俄同行的理解和支持。以前我们翻译鲍里斯·尼古拉耶维奇·米罗诺夫的著作时就得到了其真诚帮助，此次又得到了莫大历史系的大力支持，而这是我们顺利无偿取得系列书的外文版权的重要条件。舍此，"俄国史译丛"

工作无从谈起。

三是由于我们团队得到了吉林大学校长李元元、党委书记杨振斌、学校职能部门和东北亚研究院的鼎力支持和帮助。2015年5月5日李元元校长访问莫大期间，与莫大校长萨多夫尼奇（B. A. Садовничий）院士，俄罗斯科学院院士、莫大历史系主任卡尔波夫教授，莫大历史系副主任鲍罗德金教授等就加强两校学术合作与交流达成重要共识，李元元校长明确表示吉林大学将大力扶植俄国史研究，为我方翻译莫大学者的著作提供充足的经费支持。萨多夫尼奇校长非常欣赏吉林大学的举措，责成莫大历史系全力配合我方的相关工作。吉林大学主管文科科研的副校长吴振武教授，社科处霍志刚处长非常重视我们团队与莫大历史系的合作，2015年尽管经费很紧张，还是为我们提供了一定的科研经费。2016年又为我们提供了一定经费。这一经费支持将持续若干年。

我们团队所在的东北亚研究院建院伊始，就尽一切可能扶持我们团队的发展。现任院长于潇教授上任以来3年时间里，一直关怀、鼓励和帮助我们团队，一直鼓励我们不仅立足国内，而且要不断与俄罗斯同行开展各种合作与交流，不断扩大我们团队在国内外的影响。在2015年我们团队与莫大历史系新一轮合作中，于潇院长积极帮助我们协调校内有关职能部门，与我们一起起草吉林大学东北亚研究院与莫斯科大学历史系合作方案（2015～2020年），获得了学校的支持。2015年11月16日，于潇院长与来访的莫大历史系主任卡尔波夫院士签署了《吉林大学东北亚研究院与莫斯科大学历史系合作方案（2015～2020年）》，两校学术合作与交流进入了新阶段，其中，我们团队拟4年内翻译莫大学者30种左右学术著作的工作正式启动。学校职能部门和东北亚研究院的大力支持

是我们团队翻译出版"俄国史译丛"的根本保障。于潇院长为我们团队补充人员和提供一定的经费使我们更有信心完成上述任务。

2016 年 7 月 5 日，吉林大学党委书记杨振斌教授率团参加在莫斯科大学举办的中俄大学校长峰会，于潇院长和张广翔等随团参加，会议期间，杨振斌书记与莫大校长萨多夫尼奇院士签署了吉林大学与莫大共建历史学中心的协议。会后莫大历史系学术委员会主任卡尔波夫院士，莫大历史系主任杜奇科夫（И. И. Тучков）教授（2015 年 11 月底任莫大历史系主任），莫大历史系副主任鲍罗德金教授陪同杨振斌书记一行拜访了莫大校长萨多夫尼奇院士，双方围绕共建历史学中心进行了深入的探讨，有力地助推了我们团队翻译莫大历史系学者学术著作一事。

四是由于我们团队同莫大历史系长期的学术联系。我们团队与莫大历史系交往渊源很深，李春隆教授、崔志宏副教授于莫大历史系攻读了副博士学位，张广翔教授、雷丽平教授和杨翠红教授在莫大历史系进修，其中张广翔教授三度在该系进修。与该系鲍维金教授、费多罗夫教授、卡尔波夫院士、米洛夫院士、库库什金院士、鲍罗德金教授、谢伦斯卡雅教授、伊兹梅斯杰耶娃教授、戈里科夫教授、科什曼教授等结下了深厚的友谊。莫大历史系为我们团队的成长倾注了大量的心血。卡尔波夫院士、米洛夫院士、鲍罗德金教授、谢伦斯卡雅教授、伊兹梅斯杰耶娃教授、科什曼教授和戈尔斯科娃副教授前来我校讲授俄国史专题，开拓了我们团队及俄国史方向硕士生和博士生的视野。卡尔波夫院士、米洛夫院士和鲍罗德金教授被我校聘为名誉教授，他们经常为我们团队的发展献计献策。莫大历史系的学者还经常向我们馈赠俄国史方面的著作。正是由于双方有这样的合作基础，在选择翻译的书目方面，很容易沟通。尤

其是双方商定拟翻译的 30 种左右的莫大历史系学者著作，需要无偿转让版权，在这方面，莫大历史系从系主任到所涉及的作者，克服一切困难帮助我们解决关键问题。

五是由于我们团队有一支年富力强的队伍，既懂俄语，又有俄国史方面的基础，进取心强，甘于坐冷板凳。学校层面和学院层面一直重视俄国史研究团队的建设，一直注意及时吸纳新生力量，使我们团队人员年龄结构合理，后备有人，有效避免了俄国史研究队伍青黄不接、后继无人的问题。我们在培养后备人才方面颇有心得，严格要求俄国史方向硕士生和博士生，以阅读和翻译俄国史专业书籍为必修课，硕士学位论文和博士学位论文必须以使用俄文文献为主，研究生从一入学就加强这方面的训练，效果很好：培养了一批俄语非常好，专业基础扎实，后劲足，崭露头角的好苗子。我们在组织力量翻译米罗诺夫所著的《俄国社会史》《帝俄时代生活史》方面，以及在中文刊物上发表的 70 多篇俄罗斯学者论文的译文，都为我们承担"俄国史译丛"的翻译工作积累了宝贵的经验，锻炼了队伍。

译者队伍长期共事，彼此熟悉，容易合作，便于商量和沟通。我们深知高质量地翻译这些著作绝非易事，需要认真再认真，反复斟酌，不得有半点的马虎和粗心大意。我们翻译的这些俄国史著作，既有俄国经济史、社会史、城市史、政治史，还有文化史和史学理论，以专题研究为主，覆盖的问题方方面面，有很多我们不懂的问题，需要潜心翻译。我们的翻译团队将定期碰头，利用群体的智慧解决共同面对的问题，单个人所无法解决的问题，以及人名、地名、术语统一的问题。更为重要的是，译者将分别与相关作者直接联系，经常就各自遇到的问题用电子邮件向作者请教，我们还将

根据翻译进度，有计划地邀请部分作者来我校共商译书过程中遇到的各种问题，尽可能地减少遗憾。

　　我们翻译的"俄国史译丛"能够顺利进行，离不开吉林大学校领导、社科处和国际合作与交流处、东北亚研究院领导的坚定支持和可靠后援；莫大历史系上下共襄此举，化解了很多合作路上的难题，将此举视为我们共同的事业；社会科学文献出版社的恽薇、高雁等相关人员将此举视为我们共同的任务，尽可能地替我们着想，我们之间的合作将更为愉快、更有成效。我们唯有竭尽全力将"俄国史译丛"视为学术生命，像爱护眼睛一样呵护它、珍惜它，这项工作才有可能做好，才无愧于各方的信任和期待，才能为中国的俄国史研究的进步添砖加瓦。

　　上述所言与诸位译者共勉。

吉林大学东北亚研究院

张广翔

2016 年 7 月 22 日

目　录

引　言

　　通常很少有人会在打开新一期报纸时考虑这样一个问题，即报纸对当日信息的报道并非仅持续一天，也不是一星期或一个月，而是数年甚至数十年。事件发生的时间距离我们越远，当时人们对事件的记录便越具价值，我们通过这些旧报纸所记载的内容便能知晓当时所发生的事。

　　《俄罗斯之声》是十月革命前俄国受众最广的报纸，其负责人 B. M. 多罗舍维奇①曾谈论道："当您清晨坐下品茶时，报纸像个亲切熟悉的来访者，它引人入胜、妙趣横生地向您讲述当前新闻，任何时候都不会让人感到苦闷无聊，您能饶有兴趣地聆听着本来极枯燥却很重要的事情。报纸向您陈述自身对事物的看法，虽然其言论经过了深思熟虑且具说服力，但您无须全盘接受其观点。有时您对其虽不赞同，但仍愿仔细听取其观点，并将其视作充满智慧又令人愉悦的思维对手。它将您引向当前热点——如战争、议会、庆典、剧变、刑事诉讼程序、戏剧、学术会议以及某地发生的某事

---

　　①　B. M. Дорошевич（1864～1922），俄国著名新闻记者、政论家、戏剧评论家、杂文家。——译者注

件。它让您关注到这些事件，并向您讲述其如何进展，您似乎能够身临其境，成为事件全过程的目睹者。您通过它对周围事物了解半个小时后，便会进行全面的思考、感知，并产生情绪波动。——这便是报纸。"①

马克思认为，报刊作为一种定期出版物，"能够反映出当前的整个局势"②。报刊或快或慢的发展进程反映了社会生活的变迁。"如同生活本身一样，报刊始终是在形成的过程中，在报刊上永远也不会有终结的东西。"③ 新刊物不断出现，旧刊物会中止发行，新旧刊物就某一问题的报道不具连贯性，各刊物的观点也是不断变化的。报刊"把它在希望与忧患之中从生活那里倾听来的东西，公开地报道出来；它尖锐地、激情地、片面地（像当时激动的感情和思想所要求的那样）对这些东西做出自己的判决。今天它所报道的事实或所发表的见解中的错误之处，明天它自己就会推翻"④。

马克思强调道，报纸类刊物本质上是传播共同智慧的工具。他写道："一个新闻记者可以认为自己只是一个复杂的机体中的一小部分……每篇文章的作用——仅仅作为构成整体的一部分。"⑤

马克思还阐释道："只要报刊有机地运动着，全部事实就会完

---

① Сытин И. Д. Жизнь для книги. М., 1960. С. 131—132.

② 《马克思恩格斯全集》（第 7 卷），人民出版社，1959，第 3 页。——译者注

③ 《马克思恩格斯全集》（第 1 卷），人民出版社，1960，第 187 页。——译者注

④ 《马克思恩格斯全集》（第 1 卷），人民出版社，1960，第 187 页。——译者注

⑤ 《马克思恩格斯全集》 （第 1 卷），人民出版社，1960，第 211~212 页。——译者注

整地被揭示出来。最初，这个完整的事实只是以同时发展着的各种观点的形式出现在我们的面前，这些观点有时有意地，有时无意地揭示出现象的某一方面。但是归根到底，报纸的这种工作只是为它的一个工作人员准备材料，让他把材料组成一个统一的整体。报纸就是这样通过分工——不是由某一个人做全部工作，而是由这个人数众多的团体中的每一个成员负担一件不大的工作——一步一步地弄清全部事实的。"①

　　每个历史时期的发展特点都会对该时期的报纸内容产生影响。19世纪与20世纪之交，俄国与其他国家同时进入资本主义发展的帝国主义阶段。

　　列宁在描述"帝国主义各个基本经济特点的联系和相互关系"② 时写道："帝国主义是作为一般资本主义基本特性的发展和直接继续而生长起来的。但是，只有在资本主义发展到一定的、很高的阶段，资本主义的某些基本特性开始转化成自己的对立面，从资本主义到更高级的社会经济结构的过渡时代的特点已经全面形成和暴露出来的时候，资本主义才变成了资本帝国主义。在这一过程中，经济上的基本事实，就是资本主义的自由竞争为资本主义的垄断所代替。"③ 马克思对资本主义进行理论分析和历史分析后得出如下结论：自由竞争引起生产集中，当这种集中发展到一定程度时便会产生垄断。半个世纪后，列宁在撰写有关帝国主义问题的著作时，马克思理论的正确性早就在各国经济发展的诸多事实中得到

---

① 《马克思恩格斯全集》（第1卷），人民出版社，1960，第211页。——译者注
② 《列宁全集》（第22卷），人民出版社，1958，第187页。——译者注
③ 《列宁全集》（第22卷），人民出版社，1958，第257～258页。——译者注

证实。

列宁指出："个别资本主义国家之间的差别，例如实行保护关税政策还是自由贸易，只能在垄断组织的形式上或产生的时期上引起一些非本质的差别，而生产集中引起垄断，是资本主义发展现阶段一般的和基本的规律。"①

俄国的独特性在于：它没有像西欧国家那样将19世纪70年代作为垄断组织形成的最初时期，80年代初才是俄国垄断组织发展的初始阶段。之后10年，俄国一直处在工业垄断的起步阶段，它充分利用先进资本主义国家早前得出的经验，并借鉴了他国垄断联合公司的组织形式。因此，尽管19世纪末俄国工业领域中出现了不少最简单的卡特尔协定，但这并非俄国垄断组织发展的初始时期。俄国垄断组织的形成并非始于最简单的价格卡特尔协定，而是始于具有接受订货、完成订货等职能的高水平卡特尔联合组织，这种典型的联合组织才是垄断组织发展的萌芽阶段。1900~1903年的危机加快了俄国垄断组织的形成，并使之成为俄国整个经济生活的重要基础。

垄断组织是通过不同途径形成的。以往在市场上相互竞争的企业通过产品销售协定所组成的垄断联合组织被称为卡特尔或辛迪加。康采恩和托拉斯这两种垄断组织则是通过如下方式形成——为了扩大生产和击败竞争对手，"各种工业部门联合成一个企业，其中有些部门依次对原料加工（如把矿石炼成生铁，把生铁炼成钢，可能还用钢制造各种成品），有些部门对另一些部门起辅助作用

---

① 《列宁全集》（第22卷），人民出版社，1958，第192页。——译者注

（对废物或副产品加工；生产包装用品等等）"①。

列宁将托拉斯描述为资本主义垄断组织的特殊形式。托拉斯的主要特点是：董事会能够对组织内所有企业进行支配，拥有绝对权力来对这些企业进行统一管理。托拉斯的形成基础是：组织内各企业在生产上相互联系。建立托拉斯组织通常必须借助于银行，取得垄断地位的大型工业公司朝这类组织发展时也离不开银行的帮助。银行为工业公司提供资金并对企业活动进行监察，这便为那些以股份制为基础的企业进行联合创造了无限可能。列宁指出："大企业，尤其是大银行，不仅直接吞并小企业，并且通过'参与'小企业资本、购买或交换股票，通过债务关系等等来'联合'小企业，征服它们，吸收它们加入'自己的'集团，用术语说，就是加入自己的'康采恩'。"②

俄国社会主义经济的物质前提和制度前提只有在资本主义金融关系发展至成熟形态后才能逐渐形成。第一次世界大战期间，俄国资本主义金融关系迅猛发展，垄断组织也随之进入最后发展阶段。

列宁在描述1917年秋季的俄国局势时认为："客观的发展进程是这样：不走向社会主义，就不能从垄断组织（战争使垄断组织的数目、作用和意义增大了十倍）向前进……帝国主义战争是社会主义革命的前夜。这不仅因为战争带来的灾难促成了无产阶级的起义（如果社会主义在经济上尚未成熟，任何起义也创造不出社会主义来），而且因为国家垄断资本主义是社会主义的最充分的物质准备，是社会主义的前阶，是历史阶梯上的一级，在这一级和叫

---

① 《列宁全集》（第22卷），人民出版社，1958，第190页。——译者注
② 《列宁全集》（第22卷），人民出版社，1958，第204页。——译者注

作社会主义的那一级之间，没有任何中间级。"①

　　与以往相比，帝国主义时期的报纸具有了新的特点和功能。列宁写道："垄断既然已经形成，而且操纵着几十亿资本，它就绝对不可避免地要渗透到社会生活的各个方面去，而不管政治制度或其他任何'细节'如何。"② 这便是列宁在研究大型资本主义企业和定期刊物间相互关系时所得出的结论。

　　马克思曾说道："要使报刊完成自己的使命，首先不应该从外部施加任何压力，必须承认它具有连植物也具有的那种为我们所承认的东西，即承认它具有自己的内在规律，这种规律它不能而且不应该由于专横暴戾而丧失掉。"③ 他的这一思想指导我们在对定期刊物进行研究时，不能忽略每种刊物发展的独特性。

　　随着资本主义工业的发展，定期刊物中与其相关的报道越来越多。俄国各家日报登载的诸多即时报道都是与大型资本主义企业及其发展趋势相关的信息。这些日报必须依据相关法律的要求来宣传股份制公司的相关信息，当时的人们只有通过报纸渠道才能了解到这些信息。

　　然而，读者对工业类报道的需求，尤其是对大型资本主义企业类报道的需求超过了法律所限定的数量。这一方面是因为，国内资本主义关系迅速发展，公众非常想了解工业、商业贸易、交通、保险及银行领域的公司有哪些行为活动；另一方面是因为，报纸具有公开性，资本家想利用这一点谋取利益，他们不仅在报纸上吹捧自己的产品，还为资金周转打广告。企业主除了将报纸作为广告工具

① 《列宁全集》（第25卷），人民出版社，1958，第348～349页。——译者注
② 《列宁全集》（第22卷），人民出版社，1958，第229页。——译者注
③ 《马克思恩格斯全集》（第1卷），人民出版社，1960，第190页。——译者注

外，还通过它了解最新的证券交易行情及商业新闻；公司股东关注
与预期红利相关的信息；有闲置资金者关注那些能帮助自己进行有
益投资的权威观点；知识分子关注专家如何解读国民经济生活中的
新现象；普通民众则关注那些批评辛迪加组织，并揭露金融资本大
亨以非法手段获取巨额利润的丑闻报道。这些信息都涌现在报纸
中，成为当时信息媒介中必不可少的一部分。

　　报纸登载的内容有：与股份制企业的商业活动相关的日常新
闻；大型企业每日的股票交易行情；股东大会的详细报告；某些公
司进行业务扩张的相关信息以及报纸撰稿人所做的预测、评价和论
述等。读者通过报纸可以知晓与公司联合兼并及生产集中相关的信
息，了解辛迪加的行为活动以及银行参与工业拨款的情况。总之，
报纸报道能使人们认识工业垄断的发展进程和趋势。

　　在苏联历史编纂学中，对俄国垄断资本的研究实际上是研究俄
国帝国主义的最核心内容之一。[①] 当对该问题的研究达到一定阶段
时，有关俄国工业垄断及金融资本形成过程的专门史料学著作便应
运而生。这类著作向读者阐明了垄断组织与商业银行如何处理文
件，如何为自己的行为活动做宣传。C. B. 沃伦科娃正确地指出：
这类著作为进一步研究俄国垄断资本史提供了实际条件。[②]

---

①　СидоровА. Л. Некоторые проблемы развития российскогокапитализма в
　　советской исторической науке//Вопросы истории. 1961. № 12；Тарновский
　　К. Н. Советская историография российского империализма. М. , 1964；
　　Бовыкин В. И. Зарождение финансового капитала в России. М. ,
　　1967. С5—49；Бовыкин В. И. Формирование финансового капитала в
　　России. Конец 19 в. —1908г. М. , 1984. С. 3—15.
②　Воронкова С. В. Проблемы источниковедения истории России периода
　　капитализма（Итоги и задачи изучения）. М. , 1985. С. 38.

　　А. П. 科列林对一系列"能够代表当时俄国帝国主义史研究趋势"的著作①进行了研究后，又对新研究阶段做出如下概括：在当前所能达到的研究水平下，"历史学家和经济学家需要对积累的资料进行总结，除了运用史料著作中的传统方法外，还要利用新的分类法、整理法及分析法，并借助这些新方法来揭示所研究现象的发展规律和趋势，以及各种现象间的相互关联。将这些方法综合起来进行研究不仅会使研究任务更加艰巨，还会牵出新的研究问题和史料学问题"②。他的观点客观地说明了俄国垄断组织研究的历史编纂学处于何种状况。

　　20 世纪初，垄断组织在俄国的国民经济中占据重要地位，不同形式、不同来源的史料从多个层面描述了它们的产生和活动。工商业公司、银行及国家机构的成套文件中包含的垄断组织公文资料是当前用于研究该题目的核心史料。这些资料还是俄国垄断资本史料学研究的首要对象，这方面的研究从 20 世纪 60 年代末开始迅速发展起来。③

　　由于资本主义企业的股份制形式是垄断组织的核心体制，所以俄国各股份制工商业公司的公文内容便是垄断组织的活动依据。我们知道，垄断组织或由一些生产相似产品的企业就销售条件达成协定而形成，或由大企业、银行对一些形式上独立的企业实行财政控

---

①　Новейшие исследования по истории России периода империализма в советской и зарубежной историографий. Сборник статей. М., 1985. С3（от редколлегии）.

②　Корелин А. П. Социально-экономическая проблематика российского империализма в новейшей советской историографии. С. 59.

③　Массовые источники по социально-экономической истории России периода капитализма. М., 1979. С. 155—160.

制而形成。弄清名义上独立实际上联合的各股份制公司如何构成垄断组织是一项专门的研究任务，若不究明这一点就不能对公文资料进行充分研究。

将垄断组织中所有联合企业的文件资料整合起来便构成了该组织的整套公文资料，但其中部分企业的文件已经遗失，俄国各时期股份制工商业公司的所有档案资料中只有不到 1/3 被保存在苏联国家档案中。① 因此，仅靠垄断组织的文件无法全面刻画俄国的工业垄断进程。为了在一定程度上弥补公司档案的缺失，研究者会在国家机构和银行公文处理文件中寻找与各公司相关的资料。

只有研究公文资料才能认清垄断组织的本质，究明其活动宗旨和运行机制。然而各公司的内部文件总披着"商业机密"的外衣，以往的研究者接触不到。虽然当前档案中保存的股份制工商业公司及银行的公文资料总量不少，但研究表明这些资料依旧十分浅薄。

当研究中严重缺少保存至今的垄断组织文件资料时，利用经常论及垄断组织发展进程的文献（包括统计资料、参考刊物、定期刊物）便十分具有科学现实意义，国内定期刊物上登载的大量此类信息反映了俄国整个工业垄断历程（从垄断产生到具有垄断性质的联合企业被社会主义国有化后终止其活动）。历史学家对统计资料、参考刊物、定期刊物这三种文献的研究并不均衡。目前研究前两种文献的学术专著已出版②，而针对定期刊物的研究实际上才

---

① Шепелев Л. Е. Акционерные компании в России. Л.，1973. С. 6；Голиков А. Г. К вопросу о составе, содержании и сохранности документов акционерных компаний. Источниковедение отечественной истории. Сборник статей. 1979. М.，1980. С. 150.

② Массовые источники по социально-экономической истории России периода капитализма. Гл. 1—3.

刚开始。研究资本主义时期定期刊物的史料学专著少之又少。①
"定期刊物内容复杂、形式多样且带有深刻的历史印记，这三个因
素均是对期刊进行全面的史料学研究时所面临的客观障碍。"因
此，研究者"在历史研究中很少将定期刊物作为史料，而是将其
内容作为令人信服的实证、事例等"②。

　　定期刊物按条件可分为报纸和期刊两大类别。报纸类刊物是
19 世纪末 20 世纪初主要的大众传媒工具，但针对它的研究甚少。
С. С. 德米特里耶夫的如下观点值得赞同，他认为"报纸史研究明
显落后于期刊史研究。探讨俄国报纸的著作是非常缺乏的"③。当
前只有少数专著研究了 20 世纪初的几家大型报纸，如 А. Н. 巴哈
诺夫④、Е. Г. 卡斯特里科娃⑤、Н. А. 齐莲诺娃⑥的学术著作，通

①　Воронкова С. В. Проблемы источниковедения истории России периода
капитализма（Итоги и задачи изучения）. С. 45.

②　Воронкова С. В. Проблемы источниковедения истории России периода
капитализма（Итоги и задачи изучения）. С. 45—46.

③　Дмитриев С. С. Периодическая печать//Источниковедение истории СССР.
М., 1981. С. 339。А. Н. Боханов 的专著中专门研究了 19 世纪末 20 世纪初
俄国报刊方面的历史编纂学，参见 Боханов А. Н. Буржуазная пресса
России и крупный капитал. Конец XIX в. — 1914 г. М., 1984. С. 8—28。

④　除了上一条注释中的专著，А. Н. Боханов 还写了下列文章：1. Из истории
буржуазной печати 1906—1912 гг.//Исторические записки. 1976. Т. 97；
2. Русские газеты и крупный капитал//Вопросы истории. 1977. № 3；
3. Биржевая пресса России//История СССР. 1980. № 2。

⑤　Кострикова Е. Г. Источники внешнеполитической информации русских
буржуазных газет（на материалах архивных фондов "Речи" и "Русского
слова"）//Исторические записки. 1979. Т. 103；Организация службы
зарубежной информации С.-Петербургского телеграфного агентства //
Вестн. Моск. ун-та. Серия История. 1981. № 4.

⑥　Членова Н. А. Архив газеты "Русское слово"/Источниковедение отечественной
истории. Сборник статей. 1981. М., 1982.

过它们我们能更好地了解帝国主义时期俄国报纸的内容、结构及工作机制。

利用刊物研究俄国垄断组织的方法由来已久，当前只有对俄国垄断资本史和刊物史做专门的史料学研究，才能更加成熟地使用该方法进行系统研究。

1984 年，В. И. 巴维京研究了《工商业报》和《证券交易新闻》中与大型资本主义企业的具体活动相关的报道，他谈道，这些报道在整体上反映了 1899～1903 年的危机如何影响俄国的资本集中联合进程。他总结道，尽管报纸中有关国内垄断组织的报道"不全面也不严谨……但俄国工业垄断的动态、主要趋势及重要表现形式都必然会反映在报纸中"①。他还认为，在研究俄国垄断组织时，必须要广泛利用以往的刊物资料，尤其是 20 世纪初的俄国报纸资料。

1984 年，С. Я. 马霍妮娜发表了专门研究 20 世纪初俄国定期刊物史的文章②，А. Н. 巴哈诺夫则发表了该方面的专著③。这两项学术成果都说明：历史学家对俄国资本主义时期刊物的研究出现了新趋势，即由片面分析某些期刊转为整体地研究某一时期的定期刊物。

С. Я. 马霍妮娜在《系统研究 1905～1917 年俄国合法刊物》

①　Бовыкин В. И. Формирование финансового капитала в России. Конец 19 в. — 1908 г. С. 201.

②　Махонина С. Я. Русская легальная журналистика (1905—февраль 1917 г.). Опыт системного исспедования//Из истории русской журналистики начала 20 в. М. , 1984. С. 5—49.

③　Боханов А. Н. Буржуазная пресса России и крупный капитал. Конец XIX в. —1914 г.

一文中写道，长久以来，俄国期刊史领域习惯于"研究那些最进步、最大众化且在报刊界最具影响力的刊物，并明确各刊物的倾向及其在当时俄国社会的主流政治观念体系中所占的地位"。社会及公众需求会对刊物的发行产生影响，С. Я. 马霍妮娜还对20世纪初俄国的报刊体系进行了描述，并对当时各类刊物的总数进行了统计。她在该文中还研究了俄国刊物在该时期历史事件的作用下如何发展。

С. Я. 马霍妮娜在文中还收集了有关各类定期刊物发展动态及其相互关系如何变化的信息，并运用一定方法对其分类。她指出，这一时期内各刊物在数量上出现不均衡的跳跃式变化。同时她得出如下重要结论：出现这种变化一方面是因为国内发生了一系列重大事件（如俄国第一次资产阶级民主革命、帝国主义世界大战、二月革命）；另一方面是因为大部分刊物在俄国的大环境下难以长久存在。她在文中还指出：与定期杂志相比，报纸的种类数呈极速增长趋势，日报种类数的增长尤为明显。该文章的基本结论是：尽管各省定期刊物的种类数都迅速增多，但圣彼得堡的刊物"总是最具影响力"[1]。圣彼得堡的刊物对全俄性事件进行的报道也最具代表性。

A. H. 巴哈诺夫对俄国帝国主义时期的刊物进行了多年研究，他在自己的著作中将资产阶级报纸和巨额资本间相互依赖的问题作为讨论核心。在以往很长一段时期内，该问题在苏联历史编纂学中都不突出，他认为："研究者在论述具体的社会政治问题和经济问

---

[1] Махонина С. Я. Русская легальная журналистика（1905 — февраль 1917 г.）. Опыт системного исследования//Из истории русской журналистики начала 20 в. С. 7, 15.

题时很少利用资产阶级报纸，在研究社会经济现象时利用这类报纸的情况则更少。"他指出："要想定位和评价某定期刊物，就要知道该刊物在某一问题的研究中起何作用，更要弄清该刊物是由何人支持发行、记者和编辑如何收集整理报道信息、哪些读者会被该刊物影响，此外，还必须对编辑出版工作的组织原则和该刊物影响读者的方式进行分析。"① 如上观点正确无疑。A. H. 巴哈诺夫还明确表示，在进行此项研究工作时肯定会遇到不少困难。

　　必须指出：关于 20 世纪初俄国所有定期刊物的完整参考资料迄今都没有。C. C. 德米特里耶夫认为，在萨尔蒂科夫·谢德林国家公共图书馆出版的四卷本《1901～1916 年俄国定期刊物编目》② 中只是收录了部分刊物的简要信息③，A. H. 巴哈诺夫认为，该书收录的那些定期刊物"只能大致反映俄国工业垄断的整体情形"④。

　　国家对定期刊物的归档保存工作做得不尽如人意，故现代图书馆收藏整套定期刊物的工作具有重要意义。A. H. 巴哈诺夫将《新时代》⑤、

---

① Боханов А. Н. Буржуазная пресса России и крупный капитал. Конец XIX в. — 1914 г. С. 5, 9.

② Беляева Л. Н., Зиновьева М. К., Никифоров М. М. Библиография периодических изданий России. 1901–1916. Л., 1958—1961. Т. 1–4.

③ Дмитриев С. С. Периодическая печать//Источниковедение истории СССР. С. 329.

④ Боханов А. Н. Буржуазная пресса России и крупный капитал. Конец XIX в. —1914 г. С. 130, прим. 30.

⑤ 该报俄文名称为 Новое время，1868～1917 年发行于圣彼得堡，在第 234 期（1869 年）之前，每周发行 5 期，此后改为日报，从 1881 年起每日发行早晚两版，从 1891 年起每周发行插图版增刊，1917 年十月革命胜利后被布尔什维克党关闭。1876～1912 年该报由 A. C. 苏沃林领导，20 世纪 20～30 年代，苏沃林之子在贝尔格莱德创立同名报纸。——译者注

《俄罗斯之声》①、《言论报》和《证券交易新闻》列为一级大型资本主义刊物，《俄罗斯之晨》、《莫斯科之声》②、《日报》和《当代之声》③ 等则被他列为二级刊物。他认为，图书馆对一级刊物做了较好的收藏，但对二级刊物就保存得不太完整，对专门性刊物，尤其是对证券交易类刊物的保存就更差了。④ 笔者赞同他的观点。

　　图书馆对各时期的刊物做了不同程度的保存，它对同一级别内各种刊物的保存也不均衡。若某图书馆的某套报纸缺少某些期号，研究者可以利用其他图书馆收藏的该报纸来补充。总体来看，苏联图书馆对十月革命前俄国各种报纸的收藏是较为完整的。我们在研究 1914～1917 年发表的成套报纸时，将以苏联列宁国家图书馆中的资料为主，对于该图书馆缺少的资料，则将利用苏维埃联邦俄罗

---

① 该报俄文名称为 Русское слово，1895～1918 年发行于莫斯科，是当时最便宜的日报，起初为每年 4 卢布，后提价为 7 卢布，故受众范围很广，А. Александров 为最初的出版人兼主编。1917 年二月革命之后该报支持资产阶级临时政府，反对布尔什维克党，十月革命胜利后对苏联政权持敌视态度，革命军事委员会将其关闭。1918 年 1～7 月该报易名为《新声》《我们的呼声》发行，该年 7 月被最终查封。——译者注

② 该报俄文名称为 Голос Москвы，1907～1915 年发行于莫斯科，是社会政治类日报，为十月十七日同盟的机关报，А. И. Гучков 为该报董事长、出版人兼第一任主编，许多大企业主、证券交易商、金融家都曾为该报捐资。该报的领导集团既宣扬沙皇政策也主张实行保守的资产阶级改革，他们还反对革命者，尤其是布尔什维克党人。——译者注

③ 该报俄文名称为 Современное слово，是 1862～1863 年发行于圣彼得堡的日报，1862 年作为《俄罗斯伤残者报》的增刊发行，1863 年改为单独发行。该报虽为自由主义刊物，但并未对反动派持明显的否定态度，这引起了官方的不满，在 1863 年 6 月 2 日发行了第 119 期后被亚历山大二世勒令关闭。——译者注

④ Боханов А. Н. Буржуазная пресса России и крупный капитал. Конец XIX в. —1914 г. С. 15.

斯社会主义共和国国家公共历史图书馆及苏共中央委员会下属的马克思—列宁主义学院图书馆所收藏的资料来补充。上述三家图书馆中的报纸资料便是本书研究的史料基础。

А. Н. 巴哈诺夫对 19 世纪末至 1914 年发行的大量报纸进行了系统研究，这项工作为其研究该时期俄国定期刊物如何发展提供了代表性素材。他指出：报纸中有多少关于工商业、金融、证券交易、股份制等问题的报道在一定程度上取决于经济形势。他认为，19 世纪末出现的工业高涨和由之引起的创业热潮及证券交易热潮使"资产阶级报纸对金融证券交易类话题的兴趣与日俱增。在工业高涨时期，股份制实际上成为大部分私营日报的重要话题之一。19 世纪 90 年代末是工业繁荣、证券交易盛行的时期，从那时起，报刊界与金融、工业界的联系非常密切……第一次世界大战前夕，俄国迎来证券交易高潮并进入金融繁荣时期，报纸与资本家之间的联系自然就更为紧密"①。

在战前的工业高涨时期，普通刊物登载了大量的经济类报道，其中许多报纸定期登载证券交易牌价、经济领域评述、股份制新闻，并对工业垄断进程及银行在其中的作用等问题进行了讨论。专门性刊物在这一时期亦有发展，其中，证券交易类报纸得到较为显著的发展。此外，主要报道商贸类、工业类、信贷类企业的私营日报也开始发行。

А. Н. 巴哈诺夫认为，研究某报纸时，研究者若缺乏相应的编辑出版信息，也没有与该报相关的回忆叙述性资料，他就需要

① Боханов А. Н. Буржуазная пресса России и крупный капитал. Конец XIX в. — 1914 г. С. 39.

"对现存的报纸资料进行分析，并尽可能将其他文件资料和用于研究的报纸资料进行对比"①。

我们要想利用好报刊中登载的信息资料就必须研究俄国报刊史，还必须将报刊作为史料进行研究，并总结经验。20 世纪 70 ～ 80 年代出版的一部著作中曾提出研究报刊的方法论问题。②

我们认为，可以通过以下两种方式来研究报刊类史料：其一，对与报刊类史料紧密相关的课题进行长期研究；其二，对报刊类史料进行专门研究。下面我们列举几种此类学术文献，它们涉及不同的历史问题。

众所周知，在俄国第一次资产阶级民主革命期间，国内报刊在社会生活中所起的信息传播作用迅速增大，因此报刊成为该时期的重要史料。列宁曾将 1905 ～ 1907 年的俄国报刊报道作为史料进行研究，1977 年 А. Д. 斯捷潘斯基在其发表的文章中详细深入地剖析了列宁所总结的经验。③ А. Д. 斯捷潘斯基主要探究了三个问题：其一，列宁关注哪些刊物；其二，列宁所利用的刊物资料有什么特点；其三，列宁用哪些方法分析这些资料。④

历史学家在利用报刊资料时一般会根据研究任务去筛选代表性

① Боханов А. Н. Буржуазная пресса России и крупный капитал. Конец XIX в. — 1914 г. С. 109.

② Воронкова С. В. Проблемы источниковедения истории России периода капитализма（Итоги и задачи изучения）. С. 46.

③ Степанский А. Д. Периодическая печать 1905—1907 гг. как источник в произведениях В. И. Ленина// источниковедения истории первой русской революции. Сб. статей. М. , 1977.

④ Степанский А. Д. Периодическая печать 1905—1907 гг. как источник в произведениях В. И. Ленина// источниковедения истории первой русской революции. С. 93.

信息作为研究的史料基础，但是许多著作和文章的作者通常不会向读者说明他们选择刊物的标准是什么。要知道，在 20 世纪初的俄国有几百种报刊同时发行，研究者通常无法迅速认识到这些报刊中的信息在某问题的研究中起何作用，所以在研究前必须根据研究任务选择刊物，然后在这些刊物中筛选出所需信息。

列宁每天查阅数十种刊物，历时 10 年对俄国报刊资料做了系统研究。① 据 А. Д. 斯捷潘斯基的统计，列宁在其著作中提及 100 多种发行于 1905～1907 年的俄国报刊，当时 Г. В. 普列汉诺夫②的作品中只提及 20 种刊物，П. Н. 米留科夫③的作品中论及的刊物约为 50 种④。

А. Д. 斯捷潘斯基认为，列宁在选择要研究的刊物时遵循了以下原则：其一，选择俄国当时各主要政治派别主办的刊物；其二，优先选择报纸进行研究（"革命时期国内形势动荡不安、风云剧

---

① Балуев Б. П. Ленин полемизирует с буржуазной прессой. М. , 1977.
② Г. В. 普列汉诺夫（1856～1918），俄国社会民主工党总委员会主席，早年为民粹主义者，在 1883 年后的 20 年间为俄国马克思主义政党的创始人和领袖之一，是最早在俄国和欧洲传播马克思主义的思想家，俄国和国际工人运动著名活动家。他十分受列宁尊敬，但在 1903 年俄国社会民主工党第二次代表大会后，他逐渐与布尔什维克分道扬镳，转向孟什维克主义，第一次世界大战期间又支持民族主义，此后又对十月革命持反对态度。——译者注
③ П. Н. 米留科夫（1859～1943），俄国政治活动家、历史学家、政论家，立宪民主党领导人，西方派的代表人物，信奉君主立宪制。1917 年二月革命后任临时政府的外交大臣，因主张继续战争触犯众怒而被撤换。十月革命后在帝国主义国家的支持下策划对苏维埃政权的武装干涉，1920 年逃往巴黎。——译者注
④ Степанский А. Д. Периодическая печать 1905—1907 гг. как источник в произведениях В. И. Ленина// источниковедения истории первой русской революции. С. 94.

变，报纸能够非常广泛、详细、准确地反映出阶级斗争的复杂变化……此外，列宁还关注了某些政治派别主办的非日发刊物")；其三，优先选择圣彼得堡的刊物（"首都的刊物在全俄都具有影响力，通过它们可以把握国内的整体形势")[1]。他遵循上述原则是为了从所选史料中进一步筛选出有代表性的信息。

列宁从各种报纸杂志中选择的资料有：文章（尤其是社论和编者文章）、简讯、书信往来、采访报道、读者来信、专访、会议报告及文件公告等。他根据不同的报道内容将所选资料划分为消息性报道与议论性报道两大类，在划分时他并未考虑这些报道的体裁。1906年末，列宁评论了孟什维克成员 Ю. 拉林[2]所写的小册子——《对政党和工人代表大会的广泛研究》，他认为："这本小册子的意义就在于作者的真实，而不在于他的逻辑；在于他的消息，而不在于他的见解。"[3] 由此看来，列宁是根据报刊的整体风格和报中登载的信息来研究每一篇报道，并且将事件本身与对事件的议论区分开来。

列宁认为，对报刊信息进行派别划分是非常重要的，论敌之间

---

[1] Степанский А. Д. Периодическая печать 1905—1907 гг. как источник в произведениях В. И. Ленина// источниковедения истории первой русской революции. С. 94—95.

[2] Ю. 拉林（1882～1932），原名 М. А. 卢里耶，俄国革命活动家，苏联经济学家，青年时代参加了社会民主党起义，1901～1902年成为敖德萨社会民主党领导。曾以卢里耶之名为《俄罗斯新闻报》及《欧洲新闻杂志》撰稿，与此同时还以拉林之名为革命类报刊撰稿。1917年之前在孟什维克党任职，到1917年秋季领导了国际孟什维克后才与布尔什维克接近，该年8月加入俄国社会民主工党（布），1917～1921年为全俄国民经济委员会主席团员，国家计划委员会创始人之一，1921年起为国家计划委员会主席团成员。——译者注

[3] 《列宁全集》（第11卷），人民出版社，1959，第324页。——译者注

就某一事物所做的分析最有助于阐明历史现象的本质（当然，论战各方不能是极度愚蠢之人）。因此，他十分关注代表不同政治派别、不同政治论调的刊物。

列宁还将报刊作为了解客观事实的信息来源，他在研究 20 世纪初的资产阶级刊物时得出的经验对历史学家具有非常重要的意义。俄国报刊中消息最灵通的就是资产阶级刊物，它们会对国内外的许多重大事件进行报道，这些刊物都具有广泛的信息来源、井然有序的报道机制以及业务娴熟的新闻记者。列宁从政治学和新闻学的角度出发，在所有资产阶级报刊中选择了最具代表性的进行研究。此外，他还根据各资产阶级刊物所报道的不同内容来选择。

А. Д. 斯捷潘斯基十分关注列宁筛选报道资料的原则，他指出："他（列宁）将逐期查阅主要刊物作为分析报刊的必要原则。"[1] 他的研究明确解释了列宁用何种方法来选择和分析报刊报道。在历史科学当前的发展水平下，若要在研究中取得实际进展，就要掌握所有的现存史料并充分挖掘其中的潜在信息，更要明确研究的基本出发点。

研究对外政策与国际关系史时运用报刊资料可以取得重大进展。可惜，研究该问题的大部分人仅将报刊资料用作例证。

А. С. 卡昂在其史料学文章《以报刊为史料研究国际关系史（以 1941 年前半年的瑞典半官方刊物为例）》中表达了一系列观点，其中论及了报刊类史料的特殊性。他认为，对报刊进行史料学研究时必须考虑到以下几点：报刊中信息的连续性；报刊能否为历

---

① Степанский А. Д. Периодическая печать 1905—1907 гг. как источник в произведениях В. И. Ленина// источниковедения истории первой русской революции. С. 116.

史学家所用；报刊的内容（包括报刊中各类报道的特征）；出版者及主编对政府的态度等。①

И. С. 雷巴切诺克以报刊为史料基础对俄国 20 世纪最后 25 年的对外政策进行了研究，并发表了一系列与此相关的文章，他在研究中使用的一些方法既实用又具说服力。② 他认为，选择何种报刊取决于研究任务，被选报刊中的报道要有益于研究。同时，还要根据研究任务来选择各报刊不同专栏中的报道。选择报道时，首先要着重考虑消息性报道（对具体事件和实际情况的报道）；然后要考虑报刊对具体问题所持有的立场；最后要考虑到各种报道的不同体裁。有必要指出的是：无论研究的角度和目的是什么，研究者在收集所需信息时都要逐期连贯地查阅所选报刊。И. С. 雷巴切诺克对所选报刊中关于 20 世纪最后 25 年俄法关系的报道进行了统计和分析，并比较了这些报道的出处，在此基础上他选取了不同刊物登载的一系列报道来研究两国政治关系的发展进程。由此可见，И. С. 雷巴切诺克十分关注各报刊在俄国对外政治立场发生变化的大背景下如何报道俄法关系。

① Источниковедение. Теоретические и методологические проблемы. М., 1969.

② Рыбаченок И. С. Русско - французские отношения второй половины 80 - х годов XIX в. на страницах русских газет//Проблемы истории СССР. М., 1973; Разногласия в правящих кругах России о направлении внешней политики в 1886—1887 гг. //Вестн. Моск. ун-та. Серия История. 1973. № 5; Восточный кризис и русско-турецкая война 1877—1878 гг. на страницах газеты" Московские ведомости" //Россия и восточный кризис 70 - х годов XIX в. М., 1981; Дальневосточная политика России 90 - х годов XIX в. на страницах русских газет консервативного направления//Внешняя политика России и общественное мнение. Сборник научныхтрудов. М., 1988.

　　E. Г. 卡斯特里科娃在其副博士论文中专门对 20 世纪初俄国各家大型资产阶级报纸的信息报道机制进行了研究。① 她仔细分析了报纸记者的工作制度、选择信息的方法，以及编辑做最终选择的原则。她指出：报纸中的大多报道是真实可靠的（但不排除一些由未经核实的信息源所导致的错误报道），这些报道与报纸的整体政治路线相一致（这是因为记者的立场受到报纸主办者的监督和管控）。对这些报纸进行具体的历史学研究后所得出的结论对研究统治阶层各派别的对外政治立场十分重要。通过史料学研究，历史学家能从整体上把握报纸所登载的信息。

　　历史学家在描述研究任务的过程中能够认识到研究对象的实际情况，他们如何选择报道决定了如何使用报道。因为客观实际有时与报道信息不一致，所以在选择报道时，必须考虑到报刊资料反映客观实际的特点。此外，定量分析法被越来越广泛地应用于历史研究中，所以选择有代表性的报道进行分析是非常有必要的。

　　И. Д. 阿尔汉格尔斯卡娅在《以内容分析法研究报刊》一文中深入剖析了"筛选报刊资料的普遍原则和专门方法"②。在历史研究中使用电子计算机的专家们③认为，И. Д. 阿尔汉格尔斯卡娅采

① Кострикова Е. Г. Источники внешнеполитической информации русских-буржуазных газет（1907—1914 гг.）. МГУ. 1983.
② Архангельская И. Д. К вопросу изучения периодической печатиметод амиконтент-анализа//Методыколичественного анализа текстовнарративных источников. Сборник статей. М., 1983. С. 111.
③ Бородкин Л. И. Многомерный статистический анализ в историческихиссле дованиях. М., 1986. С. 146—147；Ковальченко И. Д., Бородкин Л. И. Современные методы изучения исторических источников с использованием ЭВМ учебное пособие）. М., 1987. С. 24—25.

用的研究方法独具优势，她对报刊资料的系统化分类有利于电子计算机对这些信息做进一步加工，她对报刊所进行的史料学研究具有重要意义，其观点值得借鉴。但是研究者们并未充分重视这些优点，也未充分应用她选择报刊信息的方法。

И. Д. 阿尔汉格尔斯卡娅认为，对报纸报道进行选择时，"可以按照连续性、随机性及整体性的原则选择 A、B、C 三类信息。以《工商业报》为例，A 类信息为 1910～1911 年的报道，它们具有连续性，每年年初（2 月的第一个星期）、年中（7 月的最后一个星期）、年末（12 月的最后一个星期）的报道被用于研究。B 类信息为 1912～1914 年（截至一战开始前）的报道，它们是随机选择出来的，只占所选报道的 1/10。C 类信息为 1913 年 10～12 月的报道，它们是按照整体性原则选择出来的。采用这些原则的前提是：所选报纸为连续发行的大众型日报，在此基础上才能分析某时间段内（例如，1910～1914 年）各报纸报道的主要特点"①。И. Д. 阿尔汉格尔斯卡娅在统计了各报纸所载报道的数量后认为，"研究一定时间段内的史料时，采用选样原则比采用整体原则更合理"。可惜，该结论是在比较了明显不具可比性的数据后得出的，因为虽然这是对同一种报纸所选资料进行的比较，但这些资料是根据不同原则在不同年份的报道中被选择出来的。

И. Д. 阿尔汉格尔斯卡娅欲机械地将统计分析报纸资料时所用的方法照搬到研究中，她这样做并不恰当。因为报纸报道作为史料在时间分布上是极不均衡的，所以研究时仅用选样法根本无法找出

---

① Архангельская И. Д. К вопросу изучения периодической печатиметодам иконтент-анализа//Методыколичественного анализа текстовнарративных источников. С. 114.

报纸中与某一问题相关的所有资料。只有研究了全部刊物后才能筛选出与所研究题目相关的代表性资料。

我们认为，要想将报纸作为史料进行研究就要遵循以下几点。第一，历史学家应该首先根据具体研究题目来选择刊物及其各专栏中的报道，然后深入分析所选的报纸及相关报道。第二，在筛选报道时必须连贯地查阅报纸的所有期号，而不能进行随机选择。第三，必须对筛选出的报道进行辨识，将分析事实的史料与直接反映事实的史料区分开来。第四，在分析报道时要根据具体研究任务选择不同的研究方法。

俄国报纸发行的连续性、反映事件的高度时效性及保存的完整性都说明这些报纸类史料中包含着丰富的信息。

众所周知，史料是信息的载体，研究者要以此为基础才能还原历史事实。然而，很多情况下史料直接反映出的信息并不是历史学家需要的信息，所以历史科学中经常需要提高史料的信息输出量。И. Д. 科瓦里钦科①依据当代信息学说详细研究了一系列提高史料信息输出量的理论方法②。他所持的基本观点是："当代信息学说

---

① И. Д. 科瓦里钦科（1923～1995），俄罗斯科学院院士，莫斯科大学历史系教授，享誉世界的杰出史学家，在史料学、史学史、史学研究方法和俄国农业史方面建树颇多，尤其在运用计量法研究俄国农业史方面取得了重要突破，是俄国农业史学派核心人物，在运用计量史学方面赢得了国内外学术界的高度评价。20 世纪 80 年代至 90 年代初，苏联史学中占统治地位的马克思主义历史范式遭到诋毁，科瓦里钦科旗帜鲜明地坚持这一方法论立场（详见张广翔《科瓦里钦科与俄国的农业史研究》，《史学理论研究》2003 年第 4 期，第 45～54 页；张广翔《И. Д. 科瓦里钦科院士对马克思主义的新阐释》，《世界历史》2010 年第 4 期，第 145～154 页）。——译者注

② Ковальченко И. Д. Методы исторического исследования. М.，1987. И. Д. 科瓦里钦科研究了史料的产生，他认为大部分史料是某种信息的形成过程，其中"主体为史料的创造者，信息为主体对客体的反映"。

为提高史料信息输出量奠定了理论依据和客观基础。客观世界当中的各种现象之间存在着无限而多样的固有联系，所以尽管史料有选择性地反映现实，但实际上其中包含着无数能说明客观现象间相互联系的潜在信息。以史料直接反映出的信息为基础分析各现象间的相互联系，便能够得出潜在信息。这样既能极大提高史料的信息输出量，又能突破史料直接反映实际时所局限的范围。"① 当前历史科学高度发展，提高史料信息输出量的最有效途径是对其进行专门的史料学研究。

在广义和狭义的历史学及史料学中均有"信息"这一概念。从广义上讲，"信息"包含了史料中的所有数据和资料；从狭义上讲，"信息"就是史料中所有用于研究某些具体现象和进程的数据及资料。② 本书中使用的是"信息"的狭义概念，即俄国报纸中刊载的所有关于俄国工业垄断进程的数据和资料。

众所周知，探究如何提高史料的信息输出量是应用史料学的主要任务。通过以下两种具体途径可以完成这一任务：其一，在科学研究中引入早前未使用过的新史料；其二，从已使用过的史料中提取早前未被研究人员应用的其他信息。20世纪初的俄国报纸是俄国工业垄断相关资料及数据的来源，在当前历史科学的发展水平下，使用上述两种途径可以提高这些报纸的信息输出量。

寻找和应用新史料在历史学研究中通常非常重要，因此研究者必然会关注定期报刊中的资料。然而，迄今为止只有一小部分报刊

---

① Ковальченко И. Д. Методы исторического исследования. С. 119
② Ковальченко И. Д. Методы исторического исследования. С. 114—115.

资料已被研究或正被研究，由此可知，俄国垄断资本史相关专著的作者所利用到的报纸种类和其中的报道是很有限的，而且他们在选择报道时还带有一定的偶然性。我们在本书中遵循如下原则：要有针对性地在所有于 1914～1917 年连续报道俄国大型资本主义企业的莫斯科日报及圣彼得堡日报中选择报道资料。经过选择，我们发现有些报纸完全没有被之前的研究者注意到，还有些报纸中的信息资料未被充分利用。

　　要想获得所述事物的相关潜在信息，并找出这些事物间的固有联系就要提高所用史料的信息输出量。当前，定量分析法是厘清历史进程及历史现象中各显著特征间相互关联程度的最重要工具。利用该方法分析各进程和各现象的特征时，定量指标体系是最具代表性的衡量方式，但只有研究对象在本质上属同一类型时才可使用这种方法。按照定义来看①，本书所研究的大多数史料都属同种类型。

　　C. B. 沃洛科娃在其史料学专著中得出的结论是："某些类型的刊物可以作为研究资本主义时期的史料，尤其是这些刊物中有关资本主义题材的报道。"②

　　我们既然将报纸作为史料，就要对报纸中与某些客观现象和事件进程相关的大量报道资料进行研究。这些报道本质上属同一类型，因此可以用定量分析法对其进行研究。笔者首先在所选报纸中筛选出与大型资本主义企业相关，且能说明俄国工业垄断实际趋势

① Массовые источники по социально-экономической истории России периода капитализма. С. 6.
② Воронкова С. В. Проблемы источниковедения истории России периода капитализма（Итоги и задачи изучения）. С. 46.

的同类型报道，然后利用定量分析法研究了这些报道间的相互关系，并在此基础上寻找与该进程相关的潜在信息。

最后，笔者在总结报中信息（包括明确表述的信息和潜在信息）的基础上力求重现一战时期俄国工业垄断化的情形。

圣彼得堡和莫斯科是俄国主要的金融、工业中心，银行和超大型工业公司的董事会都集中于这两个城市。因此，圣彼得堡和莫斯科的报纸对全俄及地方经济生活中重要事件的报道最具代表性。故笔者利用了一战时期发行于这两地的日报资料来进行研究。

报纸发行具有一定周期性，因此能够将它们作为研究事件发展进程的一手史料。从事件发生到报纸报道事件所间隔的时间很短，故历史学家会忽视这一时间间隔。

本书对 1914 年 7 月 20 日（俄国参加一战的时间）至 1917 年 10 月 25 日（作者所研究的多数报纸被苏维埃政权关停的时间）期间所发行的一系列报纸进行了研究。这是因为第一次世界大战期间为俄国工业垄断的特殊阶段，这一时期内有众多日报同时对大型公司持续进行了报道。

研究 20 世纪初的报纸类刊物时所面临的任务和研究状况决定了本书的框架结构。书中第一部分论及各家报纸与报中报道。因为要想专门系统地研究报纸中有关垄断组织的报道，就必须先明确哪些报刊连续登载了大型资本主义企业的相关报道。该部分详细论述了选择报纸的原则，分析了所选报纸的特点。由于笔者在文献中很难找到所选报纸的相关信息，且大部分报纸未被归档保存，所以研究任务着实困难，然而这种困难并非无法克服。И. Д. 科瓦里钦科指出："史料创造者不仅是反映现实的主体，还是被表现的客体，

这点在史料学中非常重要。总之，史料蕴含着双重信息，它一方面通过主体意识间接地反映客体，另一方面又直接反映主体，首先反映的是主体认识客观实际的方法和目的。"① 因此，历史学家在分析报中资料时还能从这些史料中获取与其相关的其他信息。报纸中直接刊登的内容提要、编辑公告及订阅广告等便能在一定程度上补充这些报纸的相关信息，然而报纸中的所有此类信息并非都与自身相关。此外，一种报纸中虽含有自己的全部报道，但缺少其他报纸刊登的信息。本书将从上述观点出发，深入分析所选报纸中与大型资本主义企业的联合行为相关的报道，并在此基础上以整体法和分类法对它们进行研究。

　　书中第二部分对俄国报纸如何反映本国工业垄断进程做了研究。一战时期垄断组织迅速扩张，垄断组织中各公司所存储的档案是保存最好的俄国工商业公司文件资料。研究发现，报纸中也有很多与垄断组织相关，但在垄断组织公文资料中没有的信息。虽然垄断组织公文资料中有关自身行为活动的信息明显比报纸中的此类信息更全面，但其中很大一部分文件资料已丢失，所以研究者还需借助报纸来寻找此类信息。科洛姆纳—萨尔莫瓦联合公司是由金属加工工厂、冶金工厂及各辅助型工厂联合组成的托拉斯，笔者在本部分研究中以其为例，将股份公司在报刊中所登的法定公告作为研究资料，对垄断组织公文资料中记载的信息及报纸所刊登的信息进行了分析。

　　虽然一战时期俄国垄断组织的文件档案已丢失一大部分，但当时的报纸中含有许多与俄国工业垄断相关的报道。本书对报纸

---

① 　Ковальченко И. Д. Методы исторического исследования. С. 116.

中与大型工业相关的分析型报道进行了系统研究，掌握了当时俄国工业垄断的整体情形。同时，本书以与大型资本主义企业的具体联合行为相关的事实型报道为基础分析了工业垄断的趋势，分析所得结果进一步印证了分析型报道中针对工业垄断进程所做的整体结论。

第一编　报纸

第一章
选择并描述经常报道大型
资本主义企业的报纸

第一次世界大战之前，在俄国出版的日报有 649 家。[①] 其中有 60 多家在莫斯科和圣彼得堡同时发行。[②] 能长久发行的刊物并不多。第一次世界大战期间，俄国定期刊物的种类随着大众对战争类信息的需求变化而不断增长或下降。此间报纸的发行量增加，并出现许多新报纸，亦有诸多早先发行的报纸停刊。

研究者应该从哪些报纸中寻找有关大型资本主义企业的连续性报道呢？各类文献中没有该问题的答案。B. И. 巴维京指出，他在研究俄国金融资本于 19 世纪末 20 世纪初（到第一次世界大战前的工业高涨初期为止）如何形成时所利用的两种报纸里包含着"大

---

① 1913 年的数据，参见 Махонина С. Я. Русская легальная журналистика （1905—февраль 1917）. Опыт системного исследования//Из истории русской журналистики начала XX в. С. 31.

② 1914 年初的数据，参见 Боханов А. Н. Буржуазная пресса России и крупный капитал. Конец XIX в. — 1914 г. С. 37.

量有关工商业生活和证券交易活动的信息"①。

在他之后，有越来越多的刊物被用来研究该问题。А. Н. 巴哈诺夫的研究结论是：到工业高涨之时，"报纸中各类经济报道（其中包括与资本主义企业的活动直接相关的报道）的数量显著增加……大部分私营报刊迎合了资产阶级读者的需求，它们在一战前就将股份制新闻设为固定专栏，并刊登各种证券交易参考表"②。

А. Н. 巴哈诺夫还利用20世纪初的俄国定期刊物研究了银行对大型报刊企业实行财务控制的进程，该进程在一战前夕明显加快。他指出：一战期间涌现出的《财经报》《俄罗斯意志》等日报是银行进行公开宣传的"喉舌"，它们都是在银行的资金支持下创办的。③ 要知道，只有那些让读者感兴趣的报纸才能持续发行。有必要指出的是，"一战时期经常刊登俄国大型资本主义企业相关报道的报纸如何安排其版面"这一问题尚未得到解决，甚至未被提出。

我们认为，选择持续报道大型资本主义企业的报纸时需首先遵循如下标准：报纸中有讨论证券交易、金融、工业、商业、股份制企业等问题的固定专栏。1914年7月至1917年10月，在圣彼得堡和莫斯科持续发行的日报有22种，分别是：《证券交易新闻》、

① Вовыкин В. И. Формирование финансового капитала в России. Конец XIX в. —1908 г. С. 128.

② Боханов А. Н. Буржуазная пресса России и крупный капитал. Конец XIX в. —1914 г. С. 41—42.

③ Боханов А. Н. Буржуазная пресса России и крупный капитал. Конец XIX в. — 1914 г. С. 125.

《晚间时分》①、《晚间新闻》②、《戈比报》③、《日报》、《钟声报》④、《商人报》、《商业电报》、《莫斯科新闻报》⑤、《莫斯科报》⑥、

---

① 该报俄文名称为 Вечернее время，由 А. С. 苏沃林于 1911 年 11 月 26 日在圣彼得堡创办，1911~1917 年共发行 1958 期。该报与十月党人关系密切，遵循温和的右倾政策，1913~1916 年该报发行了各种增刊，1913~1914 年发行的为插图型增刊，1917 年十月革命胜利后该报被苏联政府关闭。1918~1920 年 Б. А. 苏沃林在南俄创办了同名报纸，1924~1925 年他又在巴黎创办了同名报纸。——译者注

② 该报俄文名称为 Вечерние известия，是发行于圣彼得堡的日报，Ф. И. 罗曼诺夫斯卡娅曾为其主编。——译者注

③ 该报俄文名称为 Газета-копейка，是 1908 年起发行于圣彼得堡的日报，内容包含城市新闻、政治评论、随笔及各种丑闻，读者有小市民、小职员、官员和工人等。除每日早晚的两版报纸外，还发行一些增刊，如《戈比杂志》、《戈比专报》、《戈比画册》和《快活人》等，每期售价 1 戈比。从 1909 年起，有一些报纸为了吸引读者也唤作此名，但它们每期售价达 5 戈比。——译者注

④ 该报俄文名称为 Колокол，为俄国第一份革命报纸，由革命家 А. И. 赫尔岑和 Н. П. 奥格廖夫于 1857 创办，1867 年 7 月 1 日 Н. П. 奥格廖夫宣布该报停止发行。为了扩大读者范围，1868 年 А. И. 赫尔岑和 Н. П. 奥格廖夫重办《钟声报》，彼时该报虽改用法语出版，但办报宗旨和目标未变。——译者注

⑤ 该报俄文名称为 Московские ведомости，1756 年由伊丽莎白·彼得罗夫娜女皇责成莫斯科大学所办，1756~1917 年发行于莫斯科。从卡特科夫任主编起，该报极端保守，在政治上奉行"右倾"思想，在弗拉基米尔·格林格姆负责期间，该报"右倾"倾向加强。1917 年十月革命胜利后，该报和当时莫斯科的大部分报刊一样，被勒令关闭。——译者注

⑥ 该报俄文名称为 Московский листок，为 1881~1918 年发行于莫斯科的大众型日报。由作家、记者兼编辑 Н. И. 帕斯图霍夫创办，各领域知识分子都曾为该报撰稿，如法学家兼律师 Ф. Н. 普列瓦科、新闻记者 В. М. 多罗舍维奇、作家契诃夫和 В. А. 吉利亚罗夫斯基等。1892~1911 年发行了插图版增刊，1881 年发行量为 5000 份，1894 年增为 3 万份，1907 年增到 3.5 万份。1911 年该报走向衰落，这不仅是因为奠基人 Н. И. 帕斯图霍夫去世，更是因为国家的总体形势。后来该报由休闲型报纸转为政治类报纸，1917 年二月革命胜利后，积极支持资产阶级临时政府，1918 年 3 月该报发行了最后一期。——译者注

《新时代》、《戏剧评论》、《圣彼得堡报》①、《圣彼得堡新闻》、《圣彼得堡专页》②、《早间》③、《言论报》、《俄罗斯新闻报》④、《俄罗斯之声》、《当代之声》、《工商业报》和《俄罗斯之晨》。

上述报纸并非都对国家的工商业生活怀有一致兴趣。这些报纸中既有政府创办的，也有私人创办的；有些持保守主义观点，有些持自由主义观点；有的是政论文学性报纸，有的则是纯经济类报纸；有的通俗易懂，有的却好咬文嚼字。单看名称很难分辨出这些报纸对研究是否有益，根据名称笔者仅选出 4 种有用报纸，即：《证券交易新闻》、《商人报》、《商业电报》及《工商业报》。像《戏剧评论》这类报纸则因其名称与工商业生活毫无关系而被立刻排除出去。下面我们将证明，仅根据名称来选择报纸是大错特

① 该报俄文名称为 Петроградская газета，由 И. А. 阿尔谢尼耶夫于 1867 年创办，С. Н. 胡德科夫于 1871 年起在自己的印刷厂印刷该报，1915 年该报发行量达 5 万份。1918 年改版为《新圣彼得堡报》，该报的宗旨是：呈现圣彼得堡的生活百态。——译者注

② 该报俄文名称为 Петроградский листок，是 1864～1918 年发行于圣彼得堡的政治、社会、文学类报纸，创始人为 А. С. 阿法纳西耶夫·秋日宾斯基。19 世纪 70 年代初 А. В. 维克多任该报出版人，从 1877 年起其子 В. В. 亚历山大任出版人，在后者任职的 30 年间，该报成为驰名的大型商业公司。起初该报每周发行 4 期，从 1871 年起每周 5 期，1882 年改为日报，1917 年停刊。——译者注

③ 该报俄文名称为 Раннее утро，是 1907～1918 年发行于莫斯科的政治文学类日报，该报为资产阶级报纸，依靠大商人 П. П. 里亚布申斯基的资金出版，是立宪民主党的宣传阵地，因与苏联政府敌对，于 1918 年 7 月被关闭。——译者注

④ 该报俄文名称为 Русские ведомости，是 1863～1918 年发行于莫斯科的社会政治类报纸，1868 年前每周发行 3 期，之后改为日报，奠基人为 Н. Ф. 巴甫洛夫。该报为莫斯科自由主义教授和地方自治活动家们的刊物，与极端保守的《莫斯科新闻报》对立。从 1905 年起，该报实际上成为立宪民主党右派的刊物，列宁评价其带有民粹主义色彩。——译者注

错的。

虽然许多报纸中都有讨论经济问题的固定专栏，但仅凭这一点并不能断定报中所载资料的性质。笔者认为，俄国垄断资本史中那些能明显引起社会关注的重要事件会反映在报纸中。在前述 22 种报纸中做进一步选择时，要研究它们如何再现这些事件。一战开始前不久，顿涅茨克矿区矿物燃料贸易公司①的诉讼案件吸引了许多报纸的注意，让我们简略回顾一下该案件的情节②。

1911 年，顿涅茨克矿区矿物燃料贸易公司旗下的两家企业——南俄第聂伯河冶金股份公司和巴伊拉克皇属矿场向圣彼得堡商业法庭起诉该贸易公司，要求其承认它们之间所订的合约无效，起诉理由是：合约中明令禁止商人和工厂主私下联系，这一点与该贸易公司的章程相抵触。1913 年 1 月 19 日，圣彼得堡商业法庭审理了此案，该庭认定原告有理，并决定满足其诉讼内容。顿涅茨克矿区矿物燃料贸易公司的董事会不服该判决，并向参政院提出上诉。当参政院研究该案件时，事态已发展至对该贸易公司不利的方向。当

---

① 该公司为煤炭销售辛迪加，俄文缩写为 Продуголь，俄文全称为 Общество для торговли минеральным топливом в Донецком бассейне，1904 年 5 月在南俄矿业资本家代表大会委员会的倡议和参与下成立，宗旨是调节矿产资源的生产和销售。该公司在 1904～1907 年为股份制公司，在 1907～1915 年成为地区性工业辛迪加，是帝俄开采工业领域最大的垄断联合组织。1906～1915 年，南俄矿业资本家代表大会委员会前主席尼古拉·阿德瓦科夫主导着该辛迪加的董事会。为该辛迪加提供资金支持的银行有：亚速海 - 顿河银行、伏尔加斯克 - 卡马银行、北方银行、圣彼得堡国际商业银行。1915 年，俄国经济形势在一战的影响下发生改变，工业部门转入战时状态，沙俄政府宣布煤炭是战略资源，故该公司于该年 12 月 31 日在形式上被取缔，实际上它一直生存到 1917 年。——译者注

② 详见 Гайстер А. Продуголь（к вопросу о финансовом капитале в России）. Вступительная статья и публикация документов// Красный архив. 1926. Т. 5（18）. С. 119—148。

时，垄断资本家感受到了政府对他们的威胁，因为社会上普遍认为燃料及金属的不足是辛迪加造成的。为了对顿涅茨克矿区矿物燃料贸易公司和俄国冶金工厂产品销售公司①的行为活动进行调查，政府成立了管理委员会。

1914 年 1 月末，顿涅茨克矿区矿物燃料贸易公司举行了订约人局部会议，会上决定：该公司将于 1915 年 12 月 31 日停止活动（这比合约中规定的期限要早两年）。参政院预备在 1914 年 2 月 24 日审议顿涅茨克矿区矿物燃料贸易股份公司的上诉，但该日当事双方均通过自己的代理人提请终止案件。通常，在参政院审议案件前，若当事人之间达成和解，参政院便会终止案件。但由于圣彼得堡商业法庭认为顿涅茨克矿区矿物燃料贸易公司的某些行为（为了左右市场价格而串通一气）应受到刑事处罚，参政院便向司法部门呈报了此案。司法部根据参政院的报告，责成哈尔科夫法院的检察机构调查此案。该年 4 月初，检察机构盘查了该公司的圣彼得堡董事会及哈尔科夫分部的办公处。

战争开始后社会上不再关注如何审理顿涅茨克矿区矿物燃料贸易公司的案件。因此，政府让负责调查俄国辛迪加活动的主管委员会暂停工作。随后，在 1915 年 3 月，该案件因为证据不足而被彻

---

① 该公司为金属制品销售辛迪加，俄文缩写为 Продамет，俄文全称为 Общество для продажи изделий русских металлургических заводов，是地区性工业辛迪加，1902 年在南俄矿业资本家代表大会委员会的倡议和参与下成立，是帝俄冶金工业领域最大的垄断联合组织，实际上也是帝俄最大工业部门辛迪加化的首例。该公司在创立之初旗下有 14 家冶金企业，其中 11 家位于乌克兰地区。法国银行、德国银行、比利时银行均为该公司提供过资金支持。一战开始后，沙皇政府成立了冶金业委员会，1916 该公司被列入该委员会的同时也被授权统一分配国家的金属制品订单，1918 年该公司被苏联政府收归国有。——译者注

底终止。

该案件的过程中有四大标志性事件，分别是：①圣彼得堡商业法庭做出判决（1913年1月19日）；②顿涅茨克矿区矿物燃料贸易股份公司的订约人就缩短与该公司的合约期限召开会议（1914年1月20~26日）；③参政院司法厅审议该案件（1914年2月24日）；④在圣彼得堡对顿涅茨克矿区矿物燃料贸易股份公司的董事会进行审查（1914年4月3~4日）。这些事件均受到各家报纸的关注，笔者是利用各家报道的时效性才明确了各事件的时间范围。

前文所列的22家报纸中只有圣彼得堡的《钟声报》和莫斯科的《晚间新闻》①没有对这些事件进行回应，因此它们被立刻排除出研究之列。持续报道顿涅茨克矿区矿物燃料贸易公司案件的报纸有8家，分别为《证券交易新闻》、《商人报》、《商业电报》、《新时代》、《圣彼得堡新闻》、《言论报》、《俄罗斯之声》及《俄罗斯之晨》。

其他报纸则偶尔对该案件感兴趣，它们大多报道了审查顿涅茨克矿区矿物燃料贸易公司位于圣彼得堡的董事会办公处以及参政院如何审议案件这两大事件。只有《工商业报》和《莫斯科新闻报》在对该案件进行独家报道时论及了另外两大事件——前者报道了圣彼得堡商业法庭如何审理该案件，后者对1914年1月召开的顿涅茨克矿区矿物燃料贸易公司订约人会议进行了报道。《戏剧评论》虽对该贸易公司的订约人会议进行了一些报道，但未论及另外三大事件。

---

①　原文如此，实际上该报是圣彼得堡的报纸。——译者注

　　显然，仅凭某报纸中有多少与垄断组织相关的报道不足以判断该报主编是否对垄断组织的活动长久感兴趣。我们在前文列出了顿涅茨克矿区矿物燃料贸易公司诉讼案中的四大事件，并分析了各家报纸如何报道它们，这样便得到更多补充信息。各报中有关该案件的报道或被刊登在涉及金融、证券交易、工商业及股份制企业的专栏中，或被刊登在时事新闻专栏中，有时还被刊登在专栏之外。笔者考虑了所有关于该案件的报道。

　　圣彼得堡商业法庭于 1913 年 1 月 19 日审理了该案件，当日《证券交易新闻》在第一版晚报中登载了名为《顿涅茨克矿区矿物燃料贸易公司处境危急》的短报，其中详细叙述了原告起诉该公司董事会的内容。该报道称，原告要求解除合约可谓有理有据。他们指出，该公司的章程规定绝不能以垄断煤炭工业、提高煤炭价格为目的建立辛迪加。但是，该公司董事会不仅要求旗下各分公司服从整体安排，按规定价格出售煤炭，还要求它们通过缩减生产来减少市场上的可售煤炭量，进而保持煤炭的高价格。原告认为，顿涅茨克矿区矿物燃料贸易公司的董事会与某些煤炭业工厂主订立的一系列单独合约便能证明该公司具有辛迪加倾向。他们甚至认为该公司本身就是辛迪加组织，因为其董事会的诸多行为早就违背了公司章程。俄国法律明令禁止辛迪加工业组织的存在，第 1580 条惩处法令便针对参与该类组织做了明确规定。《证券交易新闻》认为，此案"不仅对所有煤炭业工厂主具重大意义，更对整个俄国工业领域具有重大意义"①。

---

① Биржевые ведомости. Первое издание. Вечерний выпуск. 1913. 19 янв. С. 3.

次日清晨，《证券交易新闻》报道了圣彼得堡商业法庭审理该案件的细节。据报道，原告在庭审会上坚称顿涅茨克矿区矿物燃料贸易公司的章程中规定该公司只从事代销代购业务，而不能建立辛迪加来独家垄断整个煤炭领域。因此，任何允许辛迪加存在的合约都是对该公司章程的破坏。报中写道："被告代理人向原告提出反驳，并极力证明顿涅茨克矿区矿物燃料贸易公司不是辛迪加，而是一直都从事代销代购业务的股份制公司。"但商业法庭还是决定满足原告的诉求。[1]

《工商业报》、《俄罗斯之晨》、《言论报》、《商业电报》、《新时代》及《俄罗斯之声》都对该次庭审会进行了报道。[2] 《言论报》认为，"在如今煤炭危机空前严重的背景下，该案件对俄国整个工业领域具有重大意义，因为人人都知道这场危机的主要原因是人为哄抬煤价，而非煤炭自然存储量不足"。虽然《证券交易新闻》、《言论报》、《工商业报》、《俄罗斯之晨》和《商业电报》都认为该案件意义非凡，并将其作为自己的讨论主题。但《新时代》和《俄罗斯之声》仅将该案件视作有趣事件，并将其作为吸引读者眼球的素材。由此看来，不同报纸的主编在评价具体的经济事件时会表现出不同的态度。

1914 年 1 月 20 日，《戏剧评论》刊登了如下一则短讯："因为顿涅茨克矿区矿物燃料贸易公司的缔约人之间产生了摩擦，还因为

---

① Биржевые ведомости. Первое издание. Утренний выпуск . 1913. 20 янв. С. 2—3.

② Торгово-промышленная газета. 1913. 20 янв. С. 5；Утро России . 1913. 20 янв. С. 3；Речь . 1913. 20 янв. С. 5；Коммерческий телеграф . 1913. 23 янв. С. 3；Новое время . 1913. 20 янв. С. 6；Русское слово . 1913. 20 янв. С. 6.

传闻说政府要对辛迪加实行惩罚措施，该公司今日起召开订约人会议，以商讨公司今后的生存问题。"① 次日，《证券交易新闻》、《俄罗斯之声》和《俄罗斯之晨》都向读者报道了头日在圣彼得堡开幕的这场会议，出席会议的是该公司缔约人的 16 位代表。② 一周之内，《证券交易新闻》、《商人报》、《商业电报》、《戏剧评论》、《言论报》、《俄罗斯之声》、《圣彼得堡新闻》和《俄罗斯之晨》均对该会议的工作进程做了报道。会议结果最终在 1 月 28 日被宣布：合约有效期再延续 2 年，到 1916 年 1 月 1 日废止。该决议在 1914 年 2 月 25 日召开的顿涅茨克矿区矿物燃料贸易公司全体股东会议上被通过。③ 会议参加者还认为，该公司已向法庭提出上诉，所以与之达成和解才是双方相互妥协的最佳方法。他们提出，若要终止该诉讼案件就要废止该贸易公司享受的诸多优惠条件。④ 报道此次全体股东会议的报纸主要有《证券交易新闻》、《商业电报》、《言论报》、《俄罗斯之晨》、《俄罗斯之声》、《商人报》、《戏剧评论》及《圣彼得堡新闻》。《莫斯科新闻报》偶尔会对此进行报道。

《工商业报》和《新时代》没有报道顿涅茨克矿区矿物燃料贸易公司的订约人会议，这很可能是因为该会议的决议并非该事件的最终发展结果。然而，这两家报纸以另一种方式反映了该诉讼案。

---

① Обозрение театров. № 2329. С. 20.

② Биржевые ведомости. № 13962. С. 4；Русское слово. № 16. С. 5；Утро России. № 16. С. 7.

③ Биржевые ведомости. 1914. 28 янв. С. 4。1914 年 1 月 28 日《商人报》和《俄罗斯之声》刊登了类似报道，《莫斯科新闻报》于次日刊登了此类报道。

④ УтроРоссии. 1914. 28 янв. С. 7.

在订约人会议进行期间，《工商业报》对南俄的矿业生产集中化进行了报道①，《新时代》则报道：政府决定"责成工商部成立特别委员会来调查俄国冶金工厂产品销售公司和顿涅茨克矿区矿物燃料贸易公司的活动"②。

　　1914 年 2 月 24 日，参政院审议了顿涅茨克矿区矿物燃料贸易公司的案件，2 月 25 日，《证券交易新闻》、《日报》、《商人报》、《莫斯科报》、《新时代》、《早间》、《言论报》、《俄罗斯新闻报》、《俄罗斯之声》及《俄罗斯之晨》都向读者报道了此事。一日之后，《商业电报》和《圣彼得堡新闻》也报道了该事件。据《证券交易新闻》报道："参政院在审议该案件前倾向于撤销商业法庭的判决，并在刑事法庭审理该案件前不对该合约是否合法做出定论，案件由此朝有益的方向发展。在这种情形下，当事双方都认为和解是最好的方法，并且在参政院审议案件的前一日达成和解。"③ 按规定，参政院的命令在下达圣彼得堡商业法庭前是不能公开的，所以参政院司法部并未宣布其依法做出的判决。但《新时代》却报道："据闻，该案件永久终止了。为了让当事双方都认识到第 1580条惩处法令的重要性，商业法庭将整个案件移交给地区法庭的检察机构。"④ 随着事件的进一步发展，这些传闻都被证实。此后几日，《证券交易新闻》、《商人报》、《商业电报》、《新时代》、《俄罗斯新闻》、《俄罗斯之声》和《俄罗斯之晨》又对该案件进行了连续报道。

---

① Торгово-промышленная газета. 1914. 24 янв, С. 2.
② Новое время. 1914. 24 янв. С. 2.
③ Биржевые ведомости. 1914. 25 февр. С. 5.
④ Новое время. 1914. 25 февр. С. 5—6.

　　1914 年 4 月 3~4 日，检察机构对顿涅茨克矿区矿物燃料贸易股份公司的董事会办公处进行了盘查，这在报刊界引起强烈反响。4 月 4 日，《晚间时分》及《证券交易新闻》第一版晚报率先向读者报道了这次盘查。① 次日清晨，许多报纸都在最显眼的位置刊登了与此次盘查相关且标题鲜明的报道，如《对顿涅茨克矿区矿物燃料贸易股份公司的大规模盘查》、《审查顿涅茨克矿区矿物燃料贸易股份公司的行为活动》和《与辛迪加的斗争》等。② 《证券交易新闻》报道："在俄国企业联盟的发展过程中，此类审查前所未有。其他企业联盟都因昨日（即 4 月 4 日）的审查极度不安。它们日日担心俄国所有的辛迪加组织皆遭遇此般命运。我报获悉，工商部早就决定如何审查顿涅茨克矿区矿物燃料贸易公司的案件。"③ 此后几天该报补充了这次审查的相关信息，并讨论了该审查的意义及可能对辛迪加造成的影响。《俄罗斯新闻》报道："工业界认为，对顿涅茨克矿区矿物燃料贸易公司的董事会文件进行盘查并没有妨碍该组织沿其原本方向进一步发展。"该报指出："此案件进程中的一系列事件表明，与辛迪加进行第一次斗争时，俄国不仅在该领域的立法方面落后，而且根本没有使用惩处手段来进行斗争。"④

---

① Вечернее время. 1914. 4 апр. С. 3；Биржевые ведомости. Первое издание. Вечерний выпуск. 4 апр. С. 3.
② Биржевые ведомости. 1914. 5 апр. С. 2；Газета-копейка. 1914. 5 апр. С. 1，3；День. 1914. 5 апр. С. 3；Новое время. 1914. 5 апр. С. 2；Петербургская газета. 1914. 5 апр. С. 19；Петербургский листок. 1914. 5 апр. С. 2；Раннее утро. 1914. 5 апр. С. 2；Речь. 1914. 5 апр. С. 4；Русские ведомости. 1914. 5 апр. С. 3；Русское слово. 1914. 5 апр. С. 6；Современное слово. 1914. 5 апр. С. 3。1914 年 4 月 6 日《俄罗斯之晨》也刊登了此类报道，见 Утро России. 1914. 6 апр. С. 7。
③ Биржевые ведомости. 1914. 5 апр. С. 2.
④ Русские ведомости. 1914. 10 апр. С. 3.

一周之后,《证券交易新闻》报道:"出于当前形势,顿涅茨克矿区矿物燃料贸易公司的参与者决定在 1916 年前彻底终止该辛迪加。"① 虽然后来该贸易公司是否继续其活动的问题被一再提上议事日程,但该问题在 1916 年 1 月 1 日之后便不复存在。

《晚间时分》、《戈比报》、《圣彼得堡报》、《圣彼得堡专页》及《当代之声》仅对检察机关如何盘查顿涅茨克矿区矿物燃料贸易公司的董事会办公处进行了一次报道,之后便未关注经济生活中的其他问题,它们之所以做一次性报道是因为该案件反响巨大。因此,我们不再对这些报纸做进一步研究。笔者还分析了《莫斯科新闻报》与《莫斯科报》中有关该案件的报道,并决定对这两种报纸也不做进一步研究。这是因为《莫斯科新闻报》仅对该公司缔约人的协商结果进行了一次独家报道,《莫斯科报》中的报道则主要强调该案件的轰动性②,例如,"如今顿涅茨克矿区矿物燃料贸易公司案件引起了轰动,昨日参政院司法厅对其进行了审理……(1914 年 2 月)","昨日,盘查该公司董事会的消息传开了,这在工商界引起了轰动……(1914 年 4 月)"。

要注意的是,《商人报》、《商业电报》、《圣彼得堡新闻》、《工商业报》及《戏剧评论》在 1914 年 4 月 5 日并未报道检察机关如何盘查顿涅茨克矿区矿物燃料贸易公司的董事会办公处。我们要弄清楚这是为什么。莫斯科的《商人报》和《商业电报》除节日外每日都发行。因此,它们在 4 月 4 ~ 13 日(复活节期间)没有发行。后来这两份报纸都刊登了有关顿涅茨克矿区矿物燃料贸易

---

① Биржевые ведомости. 1914. 18 апр. С. 5.
② Московский листок. 1914. 25 февр. С. 3; 5 апр. С. 3.

公司的报道。《工商业报》为官方刊物，《圣彼得堡新闻》为半官方刊物，我们推测，该日它们因受政府控制而未报道此事。几天之后，《圣彼得堡新闻》刊登了两则有关该公司的报道。① 在对该公司董事会进行盘查时，《戏剧评论》的出版编辑，即主管该报《证券交易评论》专栏的 И. О. 阿贝尔索恩－奥希波夫正身处国外。② 可能是因为他不在圣彼得堡，主编决定暂不对该案件进行报道。笔者认为，若某报纸十分了解该辛迪加案件，且熟知顿涅茨克矿区矿物燃料贸易公司缔约人会议的情况，就可以将其视为受政府控制的刊物。

顿涅茨克矿区矿物燃料贸易公司的诉讼案件反响强烈，笔者通过此案已预先确定好选择哪些报纸来进行分析，接下来就要研究一个时间段内各报纸对大型资本主义企业的逐日报道，并由此来证实所得出的结论和做出推测。笔者研究了 1914 年 7 月 20 日至 1917 年 10 月 25 日之间发行的一系列报纸。需要指出的是，各报纸中有关大型资本主义企业的报道并不是都刊登在专栏中，只有《证券交易新闻》和《戏剧评论》这两种报纸才会将此类报道限定在专栏中，其他报纸则是随机安排版面，因此要对它们进行充分研究。

一战前，在圣彼得堡和莫斯科同时发行的日报有 60 多种，笔者在其中选择了 9 种（它们都于 1914～1917 年连续发行），分别

---

① Санкт-Петербургские ведомости. 1914. 11 апр. С. 3（в связи с публикацией об обыске в правлении "Продугля" в газете "Речъ"）и 13 апр. С. 1（передовая статья о расследовании деятельности синдикатов министерствами торговли и промышленности и юстиции）.

② Обозрение театров. 1914. 20 апр. С. 24.

为：《证券交易新闻》、《日报》、《商人报》、《商业电报》、《戏剧评论》、《圣彼得堡新闻》、《言论报》、《工商业报》及《俄罗斯之晨》。这些报纸不仅形式统一（都设有专栏），更重要的是实际内容统一（都在报中连续刊登大型企业的相关报道）。

所选的这9种报纸在一战之前都已开始发行，这就能保证它们所刊登的内容涉及 1914～1917 年的全部事件。战争期间，工业、商业及信贷业的集中垄断化进程加快，新刊物的出现成为必然之势。在选择一战期间开始发行的报纸时，笔者遵循的标准是：报中设有专栏且对大型企业进行连续报道，据此所选的 3 种报纸分别为《财经报》、《证券交易通讯》及《俄罗斯意志》。选择这 3 种报纸的另外一个理由是：尽管它们发行时期有限（如《俄罗斯意志》发行不过一年），但《财经报》和《俄罗斯意志》与圣彼得堡各大银行之间有联系，而且《财经报》与《戏剧评论》的主编曾是同一人，《证券交易通讯》与《商业电报》的主编也曾是同一人。

这 12 家报纸中的报道便是本书的全部史料基础。

* * *

* *

很可惜，我们对十月革命前的俄国报纸所知不多。Б. И. 叶西恩提出，"俄国以往的报刊研究中弄得最清楚的问题是报纸史及报纸行业史"[1]，这是值得赞同的权威观点。本书所选 12 种报纸中只有 3 种曾被用于专门研究：Ю. 奥克斯马和 А. Д. 别利亚耶夫斯基

---

[1] Есин Б. И. Русская газета и газетное дело в России. Задачи и теоретикометодологические принципы изучения. М. , 1981. С. 3.

在其文章中研究了《俄罗斯意志》[①]，А. Н. 巴哈诺夫则分析了《言论报》和《俄罗斯之晨》[②]。我们可以在《1901～1916 年俄国定期刊物编目》中找到其他报纸的简介（包括其发行时期、出版者、副标题等）。[③] 讨论俄国报纸史的所有文献中有关这 12 种报纸的信息实际上都是简单的编目信息。[④]

因此，读者在分析报道前必须对所选报纸有整体认识。由于十月革命前发行的绝大部分报纸都未被归档保存，所以笔者主要根据报纸上直接刊登的信息（如有关报纸发行或出版者变更的纲领计划、主编通告、订阅广告以及对其他报纸内容的评价等）来明确各报纸的相关信息。在分析这 12 种报纸的内容时，笔者主要关注与俄国工业集中和垄断相关的事实，并在评价各报内容和特点的基础上简要论述了分析结果。笔者在研究《证券交易新闻》和《日

---

① Оксман Ю. "Русская воля", банки и буржуазная литература// Литературное наследство. М., 1932. Т. 2; Беляевский А. Д. Из истории кризиса верхов накануне Февральской революции ("Русская воля") // Учен. зап. Горьковского ун-та им. Н. И. Лобачевского. 1967. Вып. 83. Ч. 1; Беляевский А. Д. К вопросу "Кризиса верхов" накануне Февральской буржуазно-демократической революции ("Русская воля" и французские социалисты) // Учен. зап. Горьковского ун-та им. Н. И. Лобачевского. 1967. Вып. 83. Ч. 2; Беляевский А. Д., Г. В. Плеханов. "Призыв" и газета "Русская воля" //Учен. зап. Горьковского ун-та им. Н. И. Лобачевского. 1967. Вып. 85.

② Боханов А. Н. Буржуазная пресса России и крупный капитал. Конец XIX в. —1914 г. С. 64—68; 75—79。另参见 Лаверычев В. Я. По ту сторону баррикад. М., 1967. С. 76。

③ Беляева Л. Н., Зиновьева М. К., Никифоров М. М. Библиография периодических изданий России. 1901—1916. Т. 1—4.

④ Есин Б. И. Русская дореволюционная газета. 1702—1917 гг. Краткий очерк. М., 1971; Бережной А. Ф. Русская легальная печать в годы первой мировой войны. Л., 1975.

报》时还利用了 C. M. 普罗比尔、И. И. 亚辛斯基、A. E. 考夫曼及 И. P. 库格尔对它们的回忆。①

虽然仅用这些资料并不能详细了解这 12 种报纸中的每一种，而只能认识到这些报纸的部分发展过程（这主要是因为资料对这些报纸的描述各不相同），但是这些资料对各报纸的概述总体上说明了反映俄国大型资本主义工业史的那些报刊是如何发展的。

下面我们按照发行时序对所选的 12 种报纸进行概述。

《圣彼得堡新闻》

这 12 种报纸中最早开始发行的是《圣彼得堡新闻》，它于 1728 年至 1917 年 10 月在圣彼得堡发行。1875 年起该报成为国民教育部发行的半官方刊物。1896 ~ 1917 年该报由尼古拉二世的亲信 Э. Э. 乌赫托姆斯基公爵②主编，其发行量在 1913 年约为 2000 份③，到一

---

① Propper S. M. von. WasnichtindieZeitung kam. Erinnerungen des Chefredakteurs der "Birschewija Wedomosti". Frankfurt am Main. 1929. Ясинский И. И. Роман моей жизни. Книга воспоминаний. М. Л., 1926; Кауфман А. Е. Из журнальных воспоминаний// Исторический вестник. 1912. No 11, 12; Кауфман А. Е. За кулисами печати// Исторический вестник. 1913. No 7; Кугель И. Р. Из воспоминаний. Записки редактора// Литературный современник. Л., 1940. No 12.

② Э. Э. 乌赫托姆斯基（1861 ~ 1921），俄国外交官、东方学家、政论家、诗人、翻译家，尼古拉二世的亲信之一，曾任俄亚银行董事长（1896 ~ 1910 年）、南满铁路董事会主席（19 世纪 90 年代至 1905 年）、《圣彼得堡新闻》出版人（1896 ~ 1917 年）。《圣彼得堡新闻》在他主持期间奉行维特的方针，成为俄国自由主义官僚的重要期刊。——译者注

③ Боханов А. Н. Буржуазная пресса России и крупный капитал. Конец XIX в. — 1914 г. C. 82.

战前夕降为 1500 份①。政府为了对该报进行财政支持，通常会要求新成立的股份制公司在此报上刊登法定公告。该报虽长期设有《金融业－工商业》专栏，但由于其主编对这类问题不感兴趣，所以报中并未经常刊登此类信息。研究《圣彼得堡新闻》时，笔者除了关注《金融业－工商业》专栏中某些有关股份制公司的报道外，还关注了各公司连续刊登的法定公告以及该报经济评论员 И. 伊林斯基所写的分析型文章。

《证券交易新闻》

《证券交易新闻》最初是由《证券交易通报》② 和《俄罗斯世界》③ 这两种刊物合并而成，该报第一期发行于 1880 年 11 月 1 日，每周发行两期，从 1881 年起改为每周 4 期，从 1885 年起成为日报。1880～1885 年，该报主编为 И. С. 马卡洛夫，此人曾是《证券交易通报》的主编。20 世纪初，在《证券交易新闻》的总旗号下同时发行着两版不同的报纸，它们虽名称不同，但出版者均为 С. М. 普罗比尔。《证券交易新闻》的第一版是发行于首都的早

---

① Коммерческий телеграф. 1916. 7 дек. С. 2.

② 该报俄文名称为 Биржевой вестник，于 1880 年 2 月 28 日至 10 月 29 日在圣彼得堡发行，每周发行两期，出版人为 С. М. 普罗比尔，主编为 И. С. 马卡洛夫。该报为证券交易、财经、商贸、工业类报纸，其前身为《证券交易指南》（Биржевойуказатель），从 1880 年 11 月 1 日起并入《证券交易新闻》。——译者注

③ 该报俄文名称为 Руский мир，是 1871 年 9 月 1 日至 1880 年 1 月 3 日发行于圣彼得堡的日报，出版人有 В. В. 科马罗夫等。1880 年与《证券交易通报》合并为《证券交易新闻》，该报虽起初奉行极端斯拉夫主义，但很快又成为英国托利党的追随者，该报不反对改革，只要求贵族地主阶级能在国家统治和自治事务中起主导作用。——译者注

报，其中设有《证券交易－金融－工业－股份制企业》专栏，该专栏还专门刊登广告，从 1914 年起，该专栏每日均占据了该报的一半版面。从 1893 年起，《证券交易新闻》专门面向各省发行第二版报纸，该报价格低廉。从 1902 年起首都的第一版报纸改为每日早晚各发行一次。第一版报纸的早报和晚报虽然编号统一，但从其读者群体、主题、发行量、报道方式及内容来看，它们是两份不同的报纸。从 1916 年起，C. M. 普罗比尔的公司负责发行这两版报纸。

1875 年，《证券交易新闻》未来的出版者 C. M. 普罗比尔从维也纳大学毕业，随后他来到俄罗斯，并成为《圣彼得堡赫勒尔德报》（该报以德语发行于圣彼得堡）的经济评论员，从那时起他便擅长写证券交易类报道。《政策对应》是一家颇具影响力的维也纳报纸，该报主编建议 C. M. 普罗比尔直接从俄国外交部获取信息，然后向其提供俄国对外政策方面的报道，C. M. 普罗比尔由此成为这家维也纳报纸的圣彼得堡通讯员。在征得一等外交文官 A. M. 戈尔恰科夫的同意后，俄国外交部官员向他提供各类信息。他在俄国外交部授意下所写的文章开始在维也纳发表。1878 年，C. M. 普罗比尔成为《圣彼得堡赫勒尔德报》的第二主编。此后他利用自己的背景创始了《证券交易新闻》。[1] 研究者发现，《证券交易新闻》十分熟悉俄国对外政策的相关信息，这显然是因为 C. M. 普罗比尔在该报发行期间还维持着他早前与外交部门建立的联系。[2]

---

① Propper S. M. von. WasnichtindieZeitung kam. Erinnerungen des Chefredakteurs der "Birschewija Wedomosti". S. 18.

② Рыбаченок И. С. Русско-французские отношения второй половины 80 - х годов XIX в. на страницах русских газет//Проблемы истории СССР. М., 1973. С. 195—211.

А. Н. 巴哈诺夫客观地指出，"各著作中鲜见与《证券交易新闻》发展史相关的信息"[1]，研究者通常只关注《证券交易新闻》前职员 А. Е. 考夫曼和 И. И. 亚辛斯基的回忆录中有关 С. М. 普罗比尔及其报纸的叙述。从他们口中我们知道，С. М. 普罗比尔在拍卖中以 13 卢布 50 戈比购得该报出版权，这些钱本是 И. С. 马卡洛夫（既是 С. М. 普罗比尔的好友，也是《证券交易通报》的主编）借给他买裤子的。《证券交易新闻》是 С. М. 普罗比尔毕生的事业。就算是短期出国，他也会通过信件和电报不断提醒同事要将报纸视若珍宝。И. И. 亚辛斯基曾说道："他（С. М. 普罗比尔）自称为报纸的财务主管，并参与了所有事务，他会为了每一戈比与同事们争论，尤其是支出超过他所确立的预算限度时。"[2] 直到《证券交易新闻》于 1917 年 10 月停刊前，该报都是由 С. М. 普罗比尔负责出版。

第一次世界大战期间，《证券交易新闻》是俄国消息最灵通、传播最广的报纸之一。根据《商业电报》报道，1916 年《证券交易新闻》第一版的早报发行了 5.7 万份，晚报的发行量为 6.8 万份，第二版的发行量为 8.9 万份。[3] 从 1906 年 4 月 15 日（第 9241 期）起，该报的副标题为《政治－社会－文学性报纸》。

从 1914 年 9 月 17 日（第 14378 期）起，《证券交易新闻》第一版早报中的《证券交易－金融－工业－股份制企业》专栏更名

---

[1] Боханов А. Н. Буржуазная пресса России и крупный капитал. Конец XIX в. — 1914 г. С. 131. Прим. 58.

[2] Кауфман. А. Е. Из журнальных воспоминаний//Исторический вестник. 1912. № 12. С. 1073. ЯсинскийИ. И. Роман моей жизни. Книга воспоминаний. С. 180, 288.

[3] Коммерческий телеграф. 1916. 7 дек. С. 2.

为《经济专栏》，此专栏下汇集了超大型企业的相关报道。《经济专栏》似乎是独立于《证券交易新闻》的"报中报"，其报道内容包括社论、证券交易类新闻、股份制公司全体股东会议上形成的主要文件以及经济生活类简讯等。《经济之周》专栏则概述每周的重大事件。《证券交易新闻》中的报道向来及时又准确，不知主编的灵通消息是从何而来。对此有两种推测令人信服：其一，该报总能通过银行获知股份制公司董事会提交给股东大会的报告内容（该报通常比其他报纸更早刊登这些内容），因为银行对《证券交易新闻》的影响巨大；其二，根据维特所言，"《证券交易新闻》的主管者 C. M. 普罗比尔经常游走于显要的权势人物之间"①，故该报总能从政府机构中获取信息。一战期间，著名经济学家 B. C. 季夫主导着此报的《经济专栏》，同时他还长期任职于财政部发行的《工商业报》。《证券交易新闻》刊登的许多分析型文章都出自他手，所涉内容包括银行问题、商业贸易问题、工业问题、股份制公司及证券交易活动。此外，他还在该报《经济之周》专栏发表了许多评论。B. C. 季夫同时为私营的《证券交易新闻》和官办的《工商业报》撰稿，这无疑促进了两家报纸之间的信息传播。

《工商业报》

财政部从 1893 年 1 月 1 日起，将《工商业报》（日报）作为《金融业－工商业新闻报》（周报）的增刊发行。该报出版者对新报纸的宗旨做出如下表述："要及时全面地筛选出经济领域（主要

---

① Витте С. Ю. Воспоминания. М. , 1960, Т. 3. С. 61.

是工商业领域）中具有普遍意义的事件，还要阐明它们之间的相互关系，并指出哪些事件具有重大影响。作为财政部的机关刊物，《工商业报》还要认真关注经济生活中的所有现象，并通过发行报纸使那些由政府所界定的有益经济现象得到进一步发展，警告人们不要痴迷于那些可能引发严重后果的经济现象。"① 从 1897 年 1 月 1 日起，《工商业报》成为发行于圣彼得堡的大型报纸。从 1910 年（第 197 期）起，该报有了《金融业－商业－工业－农业》这一副标题。与其他政府刊物相比，该报发行量非常大，据 A. H. 巴哈诺夫统计，1913 年其发行量达 1.17 万份。②

该报中刊登的大型资本主义企业相关报道主要载于《财经专栏》下的《股份制企业新闻》分栏中。读者可在该分栏中找到股份制公司全体股东会议的工作报告，以及各大公司年度业绩的相关信息。根据规定，各大公司要将相关数据都载于《财经专栏》下的《企业公开报表决算》中。B. C. 季夫每月就股份制企业所做的概述也被刊登在《工商业报》的《财经专栏》中。关于俄国辛迪加（主要是关于俄国冶金工厂产品销售公司）的报道被刊登于《辛迪加和托拉斯》专栏。与工业生产集中化相关的具体事实型报道被刊登于《商品专栏》中。报中社论则为单独的一种工业类信息。

《工商业报》在各地设立了广泛的业务代理网，并刊登了大量有关工业及商业贸易的报道，随后其他报纸经常转载这些报道，却

---

① Вестник финансов, промышленности и торговли. 1915. 4 янв. № 1. С. 7. Периодические издания министерства финансов в 1865—1915 гг.

② Боханов А. Н. Буржуазная пресса России и крупный капитал. Конец XIX в. — 1914 г. С. 82.

总不注明引文出处。结果，该报的报道被圣彼得堡和莫斯科的私营报刊多次重复。前文已提到，《工商业报》的宗旨是：宣传政府认定的有益经济现象，警示人们远离那些政府认为会导致严重后果的经济现象。报中的分析型报道（探讨问题的文章、专题论述等）对实现这一宗旨具有重要意义。与每周刊登经济评论的《证券交易新闻》不同，《工商业报》不会定期刊登分析型报道。因此，该报中的这类报道很少，内容也不太及时有效。即便如此，我们也认为《工商业报》中的分析型文章能展示当时俄国工业发展的主要趋势。

《言论报》

《言论报》是 1906 年 2 月起发行于圣彼得堡的政治、经济、文学类日报。该报最初的出版人是 Ю. Б. 巴克，此人既是铁路工程师，也是社会活动家，曾通过承包铁路发家致富。从 1908 年起，《言论报》的出版由 И. И. 彼得伦科维奇①主持。该报是资产阶级自由主义报纸，在俄国自由主义论坛中占有举足轻重的地位，该报还是立宪民主党的主要官方刊物，充当着该党派的宣传"喉舌"。

该报最初由 O. 布让斯基负责编辑，在他改任亚速海－顿河商业银行②的董事会秘书后，由立宪民主党的领导人 П. Н. 米留科夫

---

① И. И. 彼得伦科维奇（1843～1928），法学家，自由主义政治活动家，地方自治运动领导人之一，立宪民主党著名成员，第一届国家杜马成员。——译者注
② 亚速海－顿河商业银行（1871～1917 年），1871 年 6 月在亚历山大二世命令下创办于塔甘罗格，为帝俄最大的股份制商业银行之一。——译者注

和该党中央委员会成员 И. В. 盖森负责编辑。《言论报》的年平均发行量约为 4 万份，А. Н. 巴哈诺夫将该报发行量和实际销售量进行对比后发现后者远低于前者。[1] 这点说明，《言论报》入不敷出，它能够维持运作全靠连续不断的金融资助，但我们不清楚这些钱具体来自哪里。А. Н. 巴哈诺夫认为，《言论报》肯定是从俄国某些金融机构获得了物质援助。一些苏联研究者在其著作中直接提出：是亚速海－顿河商业银行为立宪民主党的这家机关刊物提供了经费。以上论断实际上都缺乏充分的证据，目前我们也无法对其进行考证。由现存文件资料只能得出如下结论：为《言论报》提供资金支持的是一些与亚速海－顿河商业银行关系密切的个人和企业（А. Н. 巴哈诺夫曾强调过这一点）。更确切地说，为《言论报》提供贷款的是立宪民主党的一些富有的领导层以及亚速海－顿河商业银行的理事会成员。1914 年的资料显示，该报的债权人有 И. И. 彼得伦科维奇、В. Д. 纳博科夫（立宪民主党的组织者兼领导者之一）、М. И. 舍夫杰里（大企业主、立宪民主党领导成员、第一届国家杜马的公职律师兼议员）、С. Г. 波里克和 А. И. 卡明卡（立宪民主党中央委员会成员），这些人为《言论报》提供的经费约为 5 万卢布。А. Н. 巴哈诺夫认为，"《言论报》虽未将证券交易界及金融界名流列为该报的编辑出版人员，但与许多资产阶级刊物相比，《言论报》对金融及证券交易方面的信息十分熟悉"，这便间接证明，该报的主编与某些金融机构在私下具有密

---

[1]　Боханов А. Н. Буржуазная пресса России и крупный капитал. Конец XIX в. — 1914 г. С. 65。据《商业电报》报道，《言论报》在 1916 年的发行量为 4 万册。参见 Коммерческий телеграф. 1916. 7 дек. С. 2.

切联系。①

我们所需的研究资料，如各股份制公司在全体股东大会上发布的诸多报告（包括董事会提交给大会的报告以及大会的工作报告），都被刊登在《言论报》的《工商业新闻》专栏中。

《戏剧评论》

《戏剧评论》是 1906 年 11 月起以通俗小册子的形式发行于圣彼得堡的戏剧类日报，И. П. 阿尔杰米耶夫为该报最初的主编兼出版人。《戏剧评论》第一期刊登的《编者前言》对该报宗旨做出如下表述："每日清晨和其他报纸在同一时间为戏剧爱好者带来与当前戏剧生活相关的全面报道。"② 读者清晨打开该报时便可知晓首都剧院当日将上演哪些剧本，了解这些剧的内容，并阅览附有姓氏的演员名单。为了帮助戏剧观看者打发幕间休闲时间，《戏剧评论》刊登了艺术界、科学界、文学界的近期新闻，以及名人格言、笑话、谜语等。有时该报还刊登一些原创的戏剧短文和短评杂文。此外，该报在每一期中都附有男女演员、剧作家、造型艺术家、导演和其他戏剧工作者的照片。

从 1907 年 6 月 3 日（第 122 期）起，《戏剧评论》转由 И. О. 阿贝尔索恩主管，此人早前曾化名"客观公正者"在该报中发表批评类杂记和戏剧评述。他在《给戏剧爱好者的信》一文中讨论了《戏剧评论》的意义，他认为，"该报是面向戏剧观众的报纸，

---

① Боханов А. Н. Буржуазная пресса России и крупный капитал. Конец XIX в. —1914 г. С. 67 – 78.

② Обозрение театров. 1906. 12 нояб. С. 3.

而非面向戏剧工作者的报纸。它不是为剧院而办，而是为戏剧爱好者创办"。作为《戏剧评论》的出版人，И. О. 阿贝尔索恩认为自己的任务是将该报转变为盈利的资本主义企业，"利用戏剧爱好者的消费来实现节余，而不是额外支出"①。

И. О. 阿贝尔索恩保留了报中与戏剧相关的部分，并大大增加了广告的数量。之前该报只刊登个别广告，随着时间推移，报中一半版面都被广告占据。首都各家银行及它们资助的工业公司都将广告投放到该报。显然，付费广告是大资本家为该资产阶级刊物提供资金支持的隐蔽形式，这些广告费用让该报转变为盈利企业。

1911 年，《戏剧评论》已发行了 5 年，И. О. 阿贝尔索恩满意地说道："在首都它比任何报纸都受欢迎，其他专门性刊物很难达到这种程度。"由于报纸发行量不断增加，该报采用了每小时印刷量为 1.5 万～2 万份的轮转印刷机。И. О. 阿贝尔索恩认为，该报如此受欢迎不仅是因为报中刊登了剧目表及戏剧脚本，更是因为报中还刊登了新闻资讯与文学读物。② 因此，他完整地保留了所有戏剧类栏目，并计划创建新栏目。

20 世纪初的工业高涨促使证券交易活动盛行，越来越多的富裕阶层参与其中，工业高涨还使得资产阶级报纸对金融、证券交易类话题愈发感兴趣。И. О. 阿贝尔索恩多次尝试在《戏剧评论》中设立非戏剧类固定栏目，最终他只成功创建了《证券交易评论》专栏，《戏剧评论》从 1911 年 3 月 2 日（第 1330 期）起将此设为固定栏目，并在其中刊登证券交易参考表、证券交易新闻、股份制

---

① Обозрение театров. 1907. 3 июня. С. 5—6.
② Обозрение театров. 1911. 1 янв. С. 13.

公司的相关简讯以及与证券交易问题相关的专业性短文。1917 年秋季之前，该栏目一直都是《戏剧评论》下属的独立报纸，И. О. 阿贝尔索恩以"无名经济学家"为笔名撰写了许多证券交易类评述，并将它们发表在该栏目。该栏目中的信息总是及时又准确，这是由于多年来 И. О. 阿贝尔索恩与银行联系密切，他需要从广告中获益，银行则利用该报为自身业务打广告。但我们没有直接证据证明这一点。

　　虽然第一次世界大战期间，《戏剧评论》的副标题是《刊登戏剧脚本和剧目表的日报》，但几乎在该报的每一期中都有《证券交易评论》栏目。这期间该栏目中的内容和以往一样，除了有证券交易参考表及证券交易类新闻评述外，还有某些公司的相关简讯以及一些分析型短文。其中，公司股东会议的工作报告被刊登于《全体会议》分栏中，三言两语的简讯被刊登于《证券交易－银行－商业类新闻》分栏中。无疑，《戏剧评论》也是最熟悉大型资本主义企业相关信息的刊物。

　　1916 年 4 月 23 日，《商业电报》向读者报道："发行于圣彼得堡的《财经报》一直都依靠圣彼得堡国际商业银行的资金维持，在其法定出版人 В. В. 普罗托波波夫去世之后，该报将转由《戏剧评论》的出版人 И. О. 阿贝尔索恩主管。"① 一个半月后，《戏剧评论》证实了这一报道②，该报从此开始在首页为《财经报》打广告。《财经报》同时也为《戏剧评论》做宣传，这两家报纸还共同为银行支持的垄断组织打广告。这些都说明它们之间结成了联盟。

---

① 　Коммерческий телеграф. 1916. 23 апр. С. 2.
② 　Обозрение театров. 1916. 10 июня. С. 13.

二月革命胜利后，《戏剧评论》对工业公司的报道大大减少，并且变更了发行周期，1917年夏秋两季该报是作为周报发行的。

《俄罗斯之晨》

1905~1907年革命失败后，政治反动派展开了进攻。当时莫斯科资本家 П. П. 里亚布申斯基倡议，从1907年9月开始发行《俄罗斯之晨》。А. Н. 巴哈诺夫认为，该报反映了"莫斯科自由主义资本家们的政治追求"[1]，表达了自身对某些政府政策的否定态度，还针对国家政权中的某些代表人物提出了批评意见。《俄罗斯之晨》最初并非持续发行，在它发行了32期之后，由于其倾向对政府不利而被勒令停办。

从1909年秋季起，《俄罗斯之晨》重新开始发行。该报业务广泛，它在国内外许多地方都有自派记者，报中既有探讨内政外交的文章，也有涉及戏剧、文学、体育运动的文章，还有为大型工业公司刊登的付费广告。经济类栏目在该报中所占的版面很多。А. Н. 巴哈诺夫指出：《俄罗斯之晨》长久以来都是依靠工业、金融界人士的资助来维持发行的，它不是商业性报纸，而是政治性报纸，所以该报多年来的亏损状态是出版人意料之中的结果。虽然该报有时亲近于进步党，但实际上它并非该党的刊物，而是代表工业、金融界人士的刊物。[2] 因为 П. П. 里亚布申斯基成功吸引了中

---

① Боханов А. Н. Буржуазная пресса России и крупный капитал. Конец XIX в. —1914 г. С. 75.

② Боханов А. Н. Буржуазная пресса России и крупный капитал. Конец XIX в. — 1914 г. С. 77, 79.

心工业区的大资本家们为该报提供资金支持，如 А. И. 科诺瓦洛夫、Н. Д. 莫罗佐夫、С. И. 切特韦里科夫、Д. В. 西罗特金和 П. А. 布雷什金等。上述人士在 1913 年 11 月 6 日签署了协议，他们承诺在 1914、1915 和 1916 年这三年中，每人每年按如下金额为《俄罗斯之晨》提供资金支持：П. П. 里亚布申斯基，10 万卢布；Н. Д. 莫罗佐夫，6 万卢布；В. П. 里亚布申斯基，5 万卢布；А. И. 科诺瓦洛夫，4 万卢布；Г. М. 马尔科（瓦卡乌贸易公司①领导人之一），1.5 万卢布；С. И. 切特韦里科夫，1.5 万卢布；М. Н. 巴尔丁金，1.5 万卢布；Д. В. 西罗特金，1 万卢布；А. Г. 卡尔波夫，9000 卢布；П. А. 布雷什金，6000 卢布；А. И. 库兹涅佐夫，6000 卢布；К. К. 阿尔诺，6000 卢布；С. Н. 特列齐亚科夫，6000 卢布。《俄罗斯之晨》的编纂委员会成员有：П. П. 里亚布申斯基、В. П 里亚布申斯基、С. Н. 特列齐亚科夫、С. А. 斯米尔诺夫及 П. А. 布雷什金。② 该报的法定出版人为 И. Ф. 罗季奥诺夫。据 А. Н. 巴哈诺夫统计，该报发行量"在 1913 年之前便达到 4 万份，此后它亦有所增长"③。

1917 年 1～2 月，《俄罗斯之晨》每日都在《经济之周》专栏中刊登大型公司的相关消息。此前，该报每日在《商业日志》专栏中刊登这类消息。从 1917 年 3 月起，该报中再未出现经济类报道。

---

① 瓦卡乌贸易公司（1859～1917 年），俄国最大的股份制贸易、工业、金融业综合公司之一，总部位于莫斯科，创始人为德裔马克西米里阿诺姆·冯·瓦卡乌。该公司的贸易业务主要涉及化工产品、建筑材料、茶、糖、金属等领域。——译者注
② Лаверычев В. Я. По ту сторону баррикад. С. 97
③ Лаверычев В. Я. По ту сторону баррикад. С. 78—79.

报纸实际出版人的关注点决定了报中资料的基本内容和特点。《俄罗斯之晨》的大部分报道涉及中心工业区的企业活动。这一时期，圣彼得堡各大银行联合巴库①及格罗兹尼②的石油公司形成了垄断组织，乌拉尔的矿业亦实行了改组，多家报纸对此都进行了报道。但《俄罗斯之晨》的兴趣并不在此，该报更关注生产集中化问题，如莫斯科及其周边各省的纺织工厂如何实现生产集中化。首都各家报纸的编辑都通过专门渠道从圣彼得堡的银行获取信息，这一方面能为这些报纸提供大型资本主义企业的相关信息，另一方面致使十月社会主义革命前夕俄国日报界的经济类报道在内容上十分相似。

《商人报》

《商人报》于 1909 年 7 月 23 日在莫斯科发行了第一期。该报的编者公告指出，莫斯科"以前没有只报道工商业生活的日报"，《商人报》的宗旨便是"全面报道当前工商业生活中的问题"。该报的出版者（最初由俄国出版印刷公司发行，从 1912 年 9 月 24 日即第 907 期起，改由莫斯科出版印刷公司发行）认为："《商人报》应该每日向商务人士提供当前的商业信息，这些信息或是从不同刊

---

① 巴库，以"石油城"闻名于世，19 世纪 70 年代开始工业性采油，1901 年其石油产量几乎占世界石油产量的一半，是世界上产量最高的油田，20 世纪初成为南高加索工业中心和俄国石油基地。——译者注
② 格罗兹尼，南俄北高加索城市，是 19 世纪末 20 世纪初高加索地区最大的工业中心之一，19 世纪 90 年代开始石油开采，1893 年 10 月 6 日钻探出第一口石油井。——译者注

物中寻得，或是花费大量时间和精力在一手资料中获取。"① 为了提高报纸的订阅量，该报年年吹嘘自己是"所有商务人士手头必备之报"，是"所有买卖人、企业主、商人、律师、金融家、旅行推销员及生意人的必备伙伴兼顾问"，是"最熟悉工商业问题及金融问题的独立刊物"。

我们很难厘清《商人报》的历史，因为各类文献中既未记载其发行量，也未描述其传播程度，更未谈及是谁支持该报发行。与其他私营日报相比，《商人报》中与大型工业公司相关的参考信息最多，该报根据专栏的地域特点（莫斯科、圣彼得堡、外省）和专题特点（证券交易、财经、证券与金融、工商业、会议）对这些信息进行了分类。《商人报》优先对莫斯科地区进行报道，但该报还像圣彼得堡的报纸那样，对首都的大型企业也进行了报道。通常，该报对首都企业的报道要比圣彼得堡的报纸晚 1~2 天，从该报和圣彼得堡各报的报道内容和日期来看，是《商人报》的主编套用了圣彼得堡同行的报道。《工商业报》直接指出：莫斯科的《商人报》与自己的报道范围相似，《商人报》经常转载自己的简讯和文章，但又不对引文出处做任何注释。② 虽说《商人报》这种套用其他地区报道的方式是法律所禁止的，但在十月革命以前，俄国报刊界经常采用这样的方式。因为《商人报》刊登的是供参考的工业类信息，所以与其他报纸相比，该报主编更频繁地使用了这种方式。总体来看，《商人报》中有关大型企业的报道是非常全面可靠的。

---

① Коммерсант. 1909. 23 июля. С. 1.
② Торгово-промышленная газета. 1916. 26 июня. С. 3.

《日报》

《日报》于 1912 年 10 月 2 日在圣彼得堡发行了第一期。该报最初是由 Ф. Г. 马拉耶夫、И. Р. 库格尔、М. Т. 索洛维约夫联合开办的商贸公司发行。不久之后，列森私营银行的领导人 Г. Д. 列森将《日报》买下，从 1913 年（第 97 期）起该报改由北方股份制出版社发行。И. Р. 库格尔曾是该报的主编，从其回忆录中可知，该报的"编辑队伍中尽是孟什维克、社会革命党人及激进派知识分子"。主管该报财务的 Г. Д. 列森监管着《金融－经济专栏》中的报道，他要求编辑首先从圣彼得堡国际商业银行①和俄亚银行②获取证券交易类消息。Г. Д. 列森并不干涉该报其他专栏的日常编辑、发行事务，他仅要求这些专栏控制预算。③ 1916 年该报发行量达到 3 万份。

二月资产阶级民主革命胜利之后，《日报》的政治倾向性加

---

① 该行是十月革命前俄国最大的股份制银行之一，亚历山大二世于 1869 年 6 月下令创建，该行在莫斯科、基辅、华沙、巴库、敖德萨等地都有分行，与巴黎、柏林、纽约的大型私营银行关系密切，重点投资重工业领域、铁路领域以及外企。1917 年 12 月 14 日，全俄中央执行委员会决定将该银行和其他私人银行收归国有，并将它们并入俄罗斯共和国国家银行。——译者注

② 1910 年 6 月 14 日尼古拉二世同意了大臣委员会有关建立一家股份制商业银行并命名为俄亚银行的提议，1910 年 10 月 9 日由法国资本控股的华俄道胜银行和北方银行合并而成的俄亚银行正式开始运营。该银行为冶金业、机械制造业、军工业等生产领域的企业提供资金支持。在该银行的积极参与下，俄国的机械制造业、石油工业、烟草业等领域形成诸多垄断联合组织。十月革命之后该行被并入俄罗斯共和国国家银行。——译者注

③ Кугель И. Р. Из воспоминаний. Записки редактора// Литературный современник. Л., 1940. №12. C. 123—125.

强。这一时期，该报以往的编号被中断，它不再长期关注经济问题，也未系统刊登大型资本主义企业的相关报道。从 1917 年 3 月 5 日起，《日报》重新从第一期开始发行，由于 Г. Д. 列森计划出国，它从 1917 年 6 月 1 日起，转由 К. И. 亚罗申斯基主管。① 1917 年 5 月末之前，该报一直没有明确的政治倾向。5 月 30 日，该报首次添加了《社会主义思想刊物》这一副标题，该期刊载的《编者说明》在界定该报的思想立场时写道："此前，众多外部原因迫使我报在发行时隐去该标题。但从今以后我们将高举社会主义旗帜。当前，俄国社会主义处在思想斗争的混乱时期，我们将整体上以孟什维克主义为思想行动路线。"②

《日报》的《金融 – 经济专栏》中刊登的俄国大型资本主义企业相关资料包括证券交易类报道、商业报道、公司全体股东会议的工作报告以及就某些经济问题所写的述评和专题文章。笔者分析了《金融 – 经济专栏》中的资料后认为，《日报》非常熟悉俄国大型资本主义企业的情况。

《商业电报》

《商业电报》是于 1912 年 11 月 24 日开始在莫斯科发行的报纸。该报起初（1～47 期）的副标题是《俄国商业生活及社会政治生活报》。后来该副标题被其他新标题多次替换。第一次世界大战期间，该报用过的两个副标题分别为《商业 – 金融 – 证券交易类

---

① 关于 К. И. 亚罗申斯基，参见 Фурсенко А. А. Русский Вандербильт// Вопросы истории. 1987. № 10. С. 183—188。

② День. 1917. 30 мая. С. 1.

日报》（1914～1915 年，节假日不发行）和《政治－工商业类日报》（1915～1916 年），它从第 1018 期（1916 年 9 月 27 日）开始再未使用副标题。《商业电报》由 А. Я. 古特曼的商贸公司创办。从 1913 年 2 月 5 日起，该报归莫斯科定期刊物公司所有，从 1917年 8 月 24 日至 1918 年 1 月 18 日，А. Я. 古特曼再次负责该报的发行。有关该报发行量的信息笔者未能找到。

《商业电报》第 6 期中刊登了题为《本报宗旨》的纲领性文章，其中指出："商业类报刊不久之前才出现在俄国商业生活中，读者对它们还没有广泛认知，所以这类报刊未能像普通报刊那样让大众产生强烈兴趣。"该报主编认为，思想先进的资产阶级代表为改革俄国经济生活中的整体制度展开了斗争，他们首先修订了旧的经济法规，《商业电报》的宗旨便是在报纸中反映这些斗争。①

一战期间，该报多次强调："《商业电报》主要维护中小商人的利益，并将同辛迪加及德国财阀展开不懈斗争。"该报期望国家能"远离辛迪加和托拉斯的腐败气息"②。《商业电报》指出，中小企业主会在资本主义垄断组织的危害下破产，银行对此要负主要责任，因为"整个国家的工商业、经济生活都围绕银行运转，没有任何一家工业公司能脱离银行机构的影响"③。

笔者未能弄清《商业电报》的信息来源，但该报绝对属于一战期间最熟悉俄国大型资本主义企业相关情况的报纸。当时《商业电报》打出了"与垄断组织斗争"的旗号，它经常在《证券交易－金融－股份制公司》、《莫斯科》和《圣彼得堡》等专栏中详细

---

① Коммерческий телеграф. 1912. 30 нояб. С. 2.
② Коммерческий телеграф. 1916. 22 нояб. С. 1.
③ Коммерческий телеграф. 1915. 3 янв. С. 1.

报道那些已成为辛迪加或辛迪加化的大型工商业公司、银行及金融垄断组织，这些报道进一步补充了那些亲垄断组织刊物中的信息。

圣彼得堡的报纸经常对首都各家银行支持下的工业垄断组织进行报道，《商业电报》则像莫斯科的其他报刊那样经常引用这些报道。例如，笔者发现该报曾逐字逐句全篇刊登了《证券交易新闻》已发表过的简讯。[1]

圣彼得堡的《证券交易通讯》是由莫斯科的《商业电报》在首都创建的平行报纸，所以这两家报纸中的某些文章通篇相似。1916 春季，曾有消息称《证券交易通讯》即将发行。该年 5 月 20 日，《商业电报》发表公告："金融、证券交易、工商业类大型独立日报——《证券交易通讯》即将在圣彼得堡发行。该报拥有广泛的经济纲领，由 А. Я. 古特曼任主编，并有善于将理论和实践结合的优秀人士加盟。"[2] 随后一天，《商业电报》又补充道："新报纸（《证券交易通讯》）的编辑们还会在晚间通过电话把报中所有涉及圣彼得堡各工商业领域的新闻传送给《商业电报》。"[3] 一个月后，《商业电报》明确道：新报纸将在 8 月份开始发行。[4] 然而，《证券交易通讯》在 8 月份并未发行。《商业电报》在 9 月初再次公告新报纸即将发行[5]，甚至说其具体发行时间为 10 月 4 号[6]，但

---

[1] 参见 Биржевые ведомости. 1915. 3 июля. С. 6. 与 Коммерческий телеграф. 1915. 6 июля. С. 3; Биржевые ведомости. 1915. июня. С. 6 与 Коммерческий телеграф. 1915. 7 июля. С. 2。

[2] Коммерческий телеграф. 1916. 20 мая. С. 1.

[3] Коммерческий телеграф. 1916. 21 мая. С. 1.

[4] Коммерческий телеграф. 1916. 20 июня. С. 1.

[5] Коммерческий телеграф. 1916. 9 сент. С. 1.

[6] Коммерческий телеграф. 1916. 12 сент. С. 1.

《证券交易通讯》又未在预定时间里发行。《商业电报》在 10 月 6 日又公告道新报纸的发行指日可待①，4 天之后还明确指出了《证券交易通讯》的新发行日期为 10 月 25 日②。它的这次预告与实际发行日期相近。1916 年 11 月 1 日，《证券交易通讯》终于在圣彼得堡发行了第一期。这样一来，《商业电报》便能定期获取圣彼得堡地区的经济类信息。

《财经报》

《财经报》于 1915 年 8 月 6 日在圣彼得堡发行了第一期。该报副标题为《财经－工业－证券交易类晚报》。该报的一篇社论指出，《财经报》的宗旨是支持国家经济快速发展，该文写道："我报发行于艰难的战争期，这一时期由于我国力量分散，且在技术方面不足以应对战争，所以会经受暂时的失败。当前德国在对俄战争中取得的胜利其实是成熟工业与自然耕作式农业做斗争时所取得的胜利。我国目前的任务是迅速果断地向工业化转变。"③ 工商业代表大会的刊物《工业与商业贸易》在谈论《财经报》时强调道："当前需要让社会上的人都认识到我国的任务是快速发展工业，新出现的《财经报》主要讨论成熟的经济问题，这便能很好地满足这一需求。"④

《财经报》的主编兼发行人是 B. B. 普罗托波波夫，此人是戏

---

① Коммерческий телеграф. 1916. 6 окт. С. 1.
② Коммерческий телеграф. 1916. 10 окт. С. 1.
③ Финансовая газета. 1915. 6 авг. С. 1.
④ Промышленность и торговля. 1915. 15 авг. С. 152.

剧家、新闻记者兼证券交易商，他还和俄国各金融寡头之间建立了密切联系。1916 年 4 月 7 日，《言论报》刊登了悼念他的文章，其中写道：B. B. 普罗托波波夫在着手发行《财经报》前已做了 25 年的新闻记者，他曾先后任职于《圣彼得堡报》（其内容涉及新闻报道、座谈会、戏剧简讯）、《新闻报》、《证券交易新闻》、《圣彼得堡专页》及一些戏剧类报刊。他还出版了《戏剧生活报》，写了一系列剧本，创建了戏剧博物馆，并加入了俄国戏剧协会。[①]《俄罗斯之晨》在为其刊登的悼词中写道：大约 15 年前，即 20 世纪初，B. B. 普罗托波波夫通过证券交易业务获取了大量资产。[②]

《财经报》从第 197 期（1916 年 4 月 20 日）起标明其创办人为 B. B. 普罗托波波夫。从 1916 年 4 月初至 6 月中旬，该报由 B. C. 普罗托波波娃负责发行。从 1916 年 6 月 16 日（第 239 期）起，该报将 И. О. 阿贝尔索恩标注为发行人。该报发行量的相关信息笔者未能找到。

和所有新报纸一样，《财经报》在创立之初也未立刻形成固定的版块编排结构。1915 ~ 1917 年，该报各专栏及下设分栏的名称和内容进行了多次变更。1916 年夏季之前，工商业公司的相关信息主要刊登于《经济专栏》，该专栏中有《工业》、《信贷》、《证券交易》和《股份制公司》这几个固定分栏。从 1916 年夏季起，《股份制公司》被划分为独立专栏，《财经报》主编指出：读者在该专栏中可以找到描述大型工业公司生产集中化进程的具体信息。[③] 此外，《近期新闻》、《时事》和《报刊日常》等专栏下的社

---

① Речь. 1916. 7 апр. C. 5.

② Утро России. 1916. 7 апр. C. 6.

③ Финансовая газета. 1916. 1 июня. C. 1.

论和专题文章中也会出现股份制公司的相关信息。

《财经报》的主编十分了解大型企业的相关事务，因为该报总能从各大银行获取这方面的信息。《商业电报》多次指出：圣彼得堡国际商业银行是《财经报》的靠山①，该银行不仅为该报提供了发行所需的资金，还为其提供了报中所需的信息。对《财经报》中刊登的信息进行分析后可知，该报主编不止与上述一家国际银行有联系，他在报中还积极地为俄亚银行、贴现－贷款银行②及圣彼得堡其他大银行做广告。由此来看，《财经报》已成为"银行的公开宣传者"③。从1916年夏季起，《戏剧评论》与该报共同扮演这一角色。

《财经报》和同时期的其他报纸一样，既通过转载来补充所需信息，又谴责同行们的引用行为。1916年7月23日，《商业电报》在一则简讯中指责《财经报》转载其文章，该简讯中写道："《财经报》发行于圣彼得堡，虽然该报在圣彼得堡国际商业银行的庇护下继续维持着发行，但它还需要大量资金。该报连续不断地转载我报报道却不对引文出处做任何说明。我报许多有关莫斯科地区的新闻以及其他专栏中的报道都被《财经报》随便采用。该报在最新的第266期中全篇转载了我报有关下诺夫哥罗德交易会的报道，

---

① Коммерческий телеграф. 1916. 23 апр. С. 2；Коммерческий телеграф. 1916. 23 июля. С. 2 и др.

② 该银行1869年成立于圣彼得堡，初始资本为500万卢布，19世纪70～80年代与圣彼得堡国际商业银行相匹敌，90年代成为商业银行，为许多大工厂提供资金支持，20世纪初成为俄亚银行、圣彼得堡国际商业银行、俄国工商业银行的合作伙伴，1917年12月被收归国有后并入俄罗斯共和国国家银行。——译者注

③ Боханов А. Н. Буржуазная пресса России и крупный капитал. Конец XIX в. — 1914 г. С. 125；Бережной А. Ф. Русская легальная печать в годы первой мировой войны. С. 84.

但绝口不提引文来源。该报如此无礼地使用他报资料是无法被容忍的不端行为，我报曾多次提出警告，但该报置若罔闻。现如今，我报向《财经报》的主编做出如下坚决声明：若像之前那样一再非法滥用我报资料，且不注明引文来源，那么我报将采取法律措施来保护新闻报道的版权。"

笔者发现，《财经报》主编不光转载《商业电报》的报道。1916 年 7 月 21 日，《俄罗斯之晨》报道：俄国采矿冶金联合股份公司将位于马克耶夫卡的煤矿出售给马利采夫工厂联合公司。两日之后，《财经报》逐字逐句地转载了该报道。7 月 28 日，《俄罗斯之晨》报道了 B. O. 斯塔姆博利扩建其卷烟厂（位于费奥多西亚）的方案，次日，《财经报》又转载了该报道。[①] 虽然《财经报》多次借用其他报纸的报道，但该报主编仍会在其他报纸引用其报道时大喊"抓贼"，并声称剽窃者应当承认自己的所作所为。1916 年 8 月 19 日，《财经报》满意地指出：《商人报》主编承认他在 6 月 4 日刊登的社论中有很大一部分内容是照搬《财经报》4 月 20 日的文章。其实，《商人报》主编只解释道，是一位撰稿人导致他出现这一失误，因为此人同时还为圣彼得堡另一家极具影响力的经济类报刊（即《财经报》）撰稿。《财经报》转载《商人报》主编的这一解释时做了夸张的说明。除此之外，笔者在《财经报》中并未发现其他报纸主编对自身转载行为所做出的任何解释。

总的来看，《财经报》主要在 1915 年 8 月至 1917 年 3 月期间对圣彼得堡各大银行资助下的大型工商业公司做了大量报道。1917

---

① Cp：Финансовая газета. 1916. 23 июля. C. 2 иУтро России. 1916. 21 июля. C. 4；Финансовая газета. 1916. 29 июля. C. 3 иУтро России. 1916. 28 июля. C. 5.

年的二月革命之后，该报中与金融、工业、证券交易相关的信息明显减少。从 1917 年 3 月（3 月 11 日的第 435 期）起该报改为早间发行，此后其发行周期被多次打乱。该报第 472 期（1917 年 6 月 10 日）刊登的主编公告中写道："《财经报》即将成为周刊，本报中还将新增《社会 - 政治专栏》。"一个多月后（1917 年 7 月 16 日），改版的《财经报》发行了最新一期，其中兼具政治、经济、金融类报道。该期报纸是依照《戏剧评论》的格式发行，其序号为第 473 期，其首页标注道："暂定每周发行一次。"该报改版后依旧保留旧版中的主要专栏和分栏。

《证券交易通讯》

《证券交易通讯》于 1916 年 11 月 1 日在圣彼得堡发行了第一期。该报的副标题是《涉及证券交易、金融、工业、商业贸易及社会政治生活的经济政治类日报》。该报由《商业电报》的创始人兼实际出版人 A. Я. 古特曼负责发行。笔者未能找到该报发行量的相关信息。

《证券交易通讯》实际上是《商业电报》在圣彼得堡的平行报纸。尽管这两家报纸的编辑经常交换工业及证券交易类信息，但两者的报道内容并不是完全一致的。《证券交易通讯》中除设有《证券交易与金融》及《股份制》两大专栏外，还设有《莫斯科新闻专栏》。与圣彼得堡其他专门刊登经济类报道的刊物相比，《证券交易通讯》中有关莫斯科工商业生活的报道更多。

1917 年 3 ~ 10 月，圣彼得堡的一些日报因受革命事件的影响而打乱了发行周期，如《财经报》和《戏剧评论》，还有些报纸不

再连续刊登工商业公司的相关报道，如《日报》和《俄罗斯之晨》。所以，《证券交易通讯》在这段时期刊登的工商业类报道具有重要意义。

《俄罗斯意志》

《俄罗斯意志》于 1916 年 12 月 15 日发行了第一期，该期发行量为 107129 份[1]，其中刊登的《本报宗旨》将该报定义为"在先进民主纲领之下表达现实世界观的载体"[2]。《俄罗斯意志》依靠首都各大银行的资金维持，因此它必然成为这些银行的公开"喉舌"。А. Д. 别利亚耶夫斯基专门研究了《俄罗斯意志》的发行历程，他认为，工商业界的权威人士与警察厅联系紧密，他们欲借助大量资金和泛自由主义口号来动员显要的政治家、科学家及新闻工作者共同创办一家能超越圣彼得堡其他权威报纸的重要日报，并希望该报在工人革命运动时能保护工业资本家的利益。[3]《俄罗斯意志》由此应运而生，创办者起初将该报定位为大众型政治刊物。该报是最保守的俄国资产阶级报纸，十月社会主义革命胜利后它很快被苏联政府关闭，一同被关闭的报纸还有《日报》、《言论报》、《证券交易新闻》及《俄罗斯之晨》。[4]

---

① Русская воля. 1916. 16 дек. С. 4.

② Русская воля. 1916. 15 дек. С. 3.

③ Беляевский А. Д. , Плеханов Г. В. , "Призыв" и газета "Русская воля" // Учен. зап. Горьковского ун-та им. Н. И. Лобачевского. 1967. Вып. 85. С. 34.

④ Окороков А. З. Октябрь и крах русской буржуазной прессы. М. , 1970. С. 343—345.

《俄罗斯意志》阐释的经济问题并未像该报中的文学、政治类文章那样被研究者关注。该报设立了一个由 М. И. 博格列波夫教授主办的经济专栏（该专栏在第一期占了一整页版面），该专栏中刊登的是大型公司的具体相关信息以及分析第一次世界大战期间俄国工业发展新趋势、新潮流的专题文章。

要弄清《俄罗斯意志》从何处获得工商业、金融、证券交易类信息，就必须研究该报和俄国金融资本家之间的联系。1916 年 4～12 月，圣彼得堡和莫斯科的一些报纸刊登了许多与此相关的内容。

俄国冶金工业代表大会委员会于 1916 年初成立，1916 年 4 月，《言论报》首次谈及该委员会倡导创立能代表重工业利益的大型日报，该报谈道："不久前成立的冶金工业代表大会委员会是一个与大型资本主义组织关系密切的团体，该团体不仅联合了所有大型冶金企业和机械制造企业，而且拥有巨额资金。该团体认为，必须创办一家大型的政治、社会类报纸。"①

倡导创办上述大型报纸的是冶金工业代表大会委员会主席兼第四届国家杜马副主席 А. Д. 普罗托波波夫。为了弄清银行对筹建报纸的态度，他于 1916 年 7 月 15 日应邀参加了各大银行（包括圣彼得堡国际商业银行、亚速海－顿河银行、俄罗斯外贸银行②、西伯

---

① Речь. 1916. 26 апр. С. 4.
② 该银行是帝俄大型的私有商业银行，亚历山大二世于 1871 年 6 月批准成立，起初仅在国外设立分行，从 1893 年起在帝俄境内也设分行，到 1917 年该行在俄国境内有 61 家分行，在国外有 3 家。该银行主要业务是商业信贷，此外它也为制糖企业、机械制造企业、电灯制造企业等提供资金支持。1917 年 12 月该行被苏联政府收归国有后并入俄罗斯共和国国家银行。——译者注

利亚商业银行①、伏尔加斯克－卡马银行②等）的代表会议。《言论报》就这次会议写道："А. Д. 普罗托波波夫的想法得到银行代表们的一致赞许，他们同意为创办的新报提供必需资金（约500万卢布）。"③ 此次会议之后不久，А. Д. 普罗托波波夫接受了《日报》记者的采访，他指出："因为俄国至今没有能准确地阐释经济政策的报纸，所以工业界想要创办一家能合理论述国家经济生活的报纸。"他强调道："创立这种报纸需要巨额资金。当前，一个300多人的工业团体以及为许多企业主做担保的五大银行都会为即将发行的新报纸提供资助。"④

А. Д. 普罗托波波夫所言在报刊界引起诸多反响。《商业电报》认为他的明确立意是："创立一家圣彼得堡国际商业银行和其他大银行都需要的报纸，使之既能保护银行利益又能按照银行所需来阐述事件。"该报断言道："新报纸会在圣彼得堡国际商业银行的资助下创办，А. Д. 普罗托波波夫的子辈将来会像已故 В. В. 普罗托波波夫（此人是《财经报》前出版人）的子辈那样全力经营新报

---

① 该银行为帝俄时期的股份制商业银行，俄国财政部于1872年6月批准成立，到1914年该行资产在全俄银行排名中占第七位。该银行主要从事信贷业务，此外它还涉足铁路业、轮船业、军工业等。1914年该银行旗下还成立了蒙古民族银行。1917年12月该行被苏联政府收归国有后并入俄罗斯共和国国家银行。——译者注

② 该银行为帝俄的大型私有股份制银行，亚历山大二世于1870年2月批准成立，董事会位于圣彼得堡。该行主要为国内商品贸易提供贷款，从19世纪90年代末开始，负责发行和分配俄国铁路企业的有券公债。1914年该行贸易总额在全俄银行排名中占第六位。1917年12月该行被苏联政府收归国有后并入俄罗斯共和国国家银行。——译者注

③ Речь. 1916. 21 июля. С. 3.

④ День. 1916. 25 июля. С. 3. 次日该访谈录被《证券交易新闻》和《言论报》转载，详见 Биржевые ведомости. 1916. 26 июля. С. 5；Речь. 1916. 26 июля. С. 2。

纸。其实，支持创办新报的企业主和圣彼得堡银行家都不是脱离实际的人，也不是社会活动家，亦不是无私者，他们之所以提供数百万卢布就是为了让 A. Д. 普罗托波波夫先生维护某些经济原则和社会原则。"该报还告诉读者："新报纸的任务很简单，就是让社会上的人逐渐认为 A. И. 维什涅格勒德斯基、沙伊盖维奇和瓦维里别尔克会带领俄国走向幸福与富足。新报纸将以大价钱购买新闻记者的各类文章，这不仅能有力地支持辛迪加和托拉斯，还能利用舆论有力地控制工业领域。"①

为了发行《俄罗斯意志》，圣彼得堡大学的校长兼历史学教授 Э. Д. 格里姆与立宪民主党中央委员会成员兼法学教授格 H. A. 罗得司库尔在 1916 年 11 月共同创立了注资 500 万卢布的股份制出版公司，由于 A. Д. 普罗托波波夫在该年 9 月份被任命为内务部大臣，故他既未被列为该出版公司的创立人，也未被列为该报纸的编辑。虽然《俄罗斯意志》的主编极力否认该报与银行的联系，但是新闻界针对此刊登了许多揭露性报道。向来较为克制的《商人报》也刊登了名为《银行御用报纸》的专题文章②，该文指出：众所周知，每家银行都控制着很多工业公司，从法律上讲，这些由独立董事会管理的企业与银行没有任何关系，然而董事会的成员通常会和某家银行建立诸多非官方的业务联系。在各银行的文件中可能找不到任何有关上述出版公司及《俄罗斯意志》的内容，但这并不能说明银行与创办新报纸没有丝毫联系。《商人报》还进一步解释道："仅分析《俄罗斯意志》的股东名单根本不能说明该报是

---

① Коммерческий телеграф. 1916. 5сент. С. 1.
② Коммерсант. 1916. 30 нояб. С. 2.

否在银行的资助下创办。对于银行是否公开资助了该报这一问题，我们既无法肯定也无法否定。因为私下协定中的秘密是无法被洞察的。"《言论报》指出：莫斯科报刊界对 А. Д. 普罗托波波夫提议创办的《俄罗斯意志》主要持反对态度，莫斯科报刊界之所以反对是因为 А. Д. 普罗托波波夫本人的制呢厂在辛比尔斯克省，新报纸可能完全不会对中心地区的纺织工业进行报道。[1]

虽然《俄罗斯意志》的发行历程引来诸多议论，但它在发行之初并未产生强烈反响。该报成为权威的资产阶级报纸，但它并未让早前发行的权威资产阶级报纸变得可有可无。就经济类信息来看，该报刊登的报道与其他报纸中的报道并无本质区别。我们能在该报《经济专栏》中找到大型资本主义企业的相关信息（主要是公司全体股东会议的文件资料）。该报的很多分析型文章都剽窃自《工商业报》的社论。

由上述内容可知，第一次世界大战期间俄国许多报纸都对本国的工业垄断进程进行了报道。对比各报可知，这一期间它们的报道主题非常集中，有些报纸的报道极度相似，有些报纸虽形式上独立，但实际上相互联合，如《财经报》被《戏剧评论》的出版人 И. О. 阿贝尔索恩购买，再如，А. Я. 古特曼在莫斯科发行了《商业电报》后又在圣彼得堡创办了该报的平行报纸《证券交易通讯》。

笔者对所选 12 种报纸中的报道进行研究后得出的结论是：尽管没有足够的证据能证明这 12 种报纸都与银行具有直接联系，但毫无疑问的是，其中大部分报纸都依赖于银行。以下两点可以证明

---

[1] Речь. 1916. 2 дек. С. 2.

这一结论：第一，各家报纸通过为银行及资助它们的工商业公司刊登付费广告来获取资金；第二，银行为各家报纸的主编提供证券交易类信息及商业信息。因为银行掌握着许多大型工商业公司的信息，各大报纸又与银行建立了固定联系，所以一战期间许多俄国报纸都登载了大量此类信息。由于各报主编经常转载早前其他报纸刊登的信息，所以各报的许多报道内容较为相似。

　　笔者认为，只有对一战期间俄国报纸中大量有关大型资本主义企业的报道进行整理后才能将这些报道作为一个整体去研究。

第二章
选择并分析报纸中与大型资本主义企业的联合行为相关的信息

众所周知，"资本主义最典型的特点之一，就是工业蓬勃发展，生产集中于愈来愈大的企业的过程进行得非常迅速"①。当生产集中化发展到最高阶段时，垄断组织便产生了。

俄国报纸中有关本国工业集中化及垄断化的信息并不多。В. И. 巴维京的研究结论是：垄断联合公司虽然被法律禁止，但沙皇政权实际上并未禁止这类公司的存在。这种矛盾性使得各报纸在反映垄断联合公司的行为时具有片面性，许多报纸对这类公司的筹备及运营情况进行了广泛报道，但极少论及它们的宗旨和活动特点，若报纸对这类公司与法律冲突的行为进行报道，就会被商业界认作是某种泄露商业机密的行为。② 众所周知，俄国国家垄断资本主义体系是在一战期间快速形成的，但各报纸很少描述该体系如何

---

① 《列宁全集》（第 22 卷），人民出版社，1958，第 188 页。——译者注
② Бовыкин В. И. Формирование финансового капитала в России. Конец XIX в. – 1908 г. С. 198.

形成，因为这一题目涉及国防问题，它们只是非常含糊地向读者提到垄断组织与政府的协作。

垄断化进程有许多具体表现。各报纸讨论的内容包括：扩大生产与企业合并；企业间一致的利益和密切的业务联系；生产集中与生产联合；工业组织、工业垄断以及工业的辛迪加化和托拉斯化等。实际上它们讨论的都是超大型企业的生产集中化问题。

当时各报为了说明俄国工业垄断进程而使用的诸如"工业组织"和"确立密切业务联系"等提法并未被后来的研究者所采用。但"辛迪加化"这一术语则被确定下来，该术语通常被解释为垄断化。如今辛迪加被看作一种销售型垄断组织。此外，诸如"集中化"、"垄断化"和"托拉斯化"等术语也基本上被采用。

"利益一致"这一术语的历史沿革很有趣，20世纪50～60年代，已被淡忘的它又重新成为科学用语。K. H. 塔尔诺夫斯基对俄国垄断组织进行了研究，他于20世纪60年代初得出的结论是："研究者在定义某种垄断组织时所使用的术语非常含糊……他们之所以谨慎用词是因为：在俄国，只由企业联合组成的传统托拉斯并不多。"他强调道："所以我们要借鉴 B. E. 莫丁列夫的方法①——除康采恩和托拉斯外，再单独区分出一种垄断组织，即'利益一致组织'，并将它作为托拉斯的过渡形式。'利益一致组织'在俄国各种垄断组织中占主要地位。"② B. И. 巴维京也将"利益一致

---

① Мотылев В. Е. Финансовый капитал и его организационные формы. М. , 1959. С. 32.

② Тарновский К. Н. Советская историография российского империализма. С. 157。塔尔诺夫斯基指出：А. Л. 西多罗夫和 Т. Д. 克鲁宾娜也赞同如此解释"利益一致组织"这一术语。

组织"看作垄断联合公司的一种形式，并将"利益一致型"大型资本主义联合企业归为销售垄断组织。① 从 20 世纪 60 年代末开始，在俄国的垄断组织研究中不再使用"利益一致组织"这一术语。一战时期，俄国工业垄断化进程尚未完成，在这一条件下，各报用于定义垄断化进程中具体现象的术语通常都具有广泛意义，它们在使用"利益一致组织"这一术语时不会像历史学家那样对其做出具体解释。笔者认为，在报纸中寻找与俄国工业生产垄断化相关的信息时，不能单看文献资料中是否有上述几种术语。

列宁在《帝国主义为资本主义的最高阶段》一文中总结了经济垄断化进程的理论模式。笔者在报纸中寻找俄国工业生产垄断化的相关信息时，一方面依据列宁所确立的衡量标准，另一方面还考虑了文献对该进程的反映以及历史学家对该进程的研究。

引言中曾指出，垄断组织的形成途径有以下两种：其一，几家生产同类产品的资本主义工业公司就销售条件达成协定；其二，几家公司的活动完全服从于某家大公司的统一命令。笔者对所选报纸的内容进行了分析，并在此基础上找出了能反映上述两种垄断化趋势的报道。研究所用的报纸资料不受体裁和专栏标题等的限制，包括社论、分析评述、公司全体股东会议的总结报告、新闻简讯及通讯报道等，但它们需反映垄断化进程的下列实质特征：其一，工业公司为了统一销售产品而联合；其二，工业公司为了统一购入原料及其他必需生产物资、设备而联合；其三，生产同类产品的工业公司为了扩大生产而联合（此为生产的横向联合）；其四，相近领域的工业公司为了扩大生产而联合（此为生产的纵向联合）；其五，

---

① 　Бовыкин В. И. Зарождение финансового капитала в России. С. 163—164.

银行对工业公司实行财务控制（即银行购买工业公司）。

20 世纪初的俄国垄断化进程绝不止上述五点特征。这五点可以划分为生产和资本集中两大趋势。列宁在《帝国主义为资本主义的最高阶段》一文中指出："资本集中"一词有资本自行增多及资本联合扩大这两层含义，该词还说明了资本规模的差别。此外，列宁还区分了"资本集中"与"生产集中"的含义。他在该文中一方面说明了生产和资本集中的直接联系，另一方面指出了生产集中与垄断化进程的直接联系。他还写道，资本主义"使生产和资本的集中达到这样的程度，以致从中产生了并且还在产生着垄断"①。Л. Е. 舍佩廖夫认为："经过区分读者便能认识到这些概念在经济范畴内的区别，以及它们之间的历史联系。"② В. И. 巴维京在前文已说过，俄国生产和资本集中的事实主要通过报纸中有关俄国工业垄断化的报道来反映。

笔者对前述 12 家日报在 1914 年 7 月 20 日至 1917 年 10 月 25 日发行的每期报纸都进行了研究。在为后续研究选择报道时，遵循了以下原则。

第一，所研究的报道或要反映大型资本主义企业的具体联合事实（即具体事件型报道），或要对读者所知的事实进行分析（即分析型报道）。通过这些资料我们能首先勾勒出事件的主线，然后再明确垄断化进程的发展趋势。下面列举一个具体事件型报道。《证券交易新闻》于 1916 年 5 月 16 日报道：塞兹兰 – 伯朝拉沥青矿业

---

① 《列宁全集》（第 22 卷），人民出版社，1958，第 258 页。——译者注
② Шепелев Л. Е. Ленин В. И. и марксистская теория централизации и обобществления капитала // Ленин В. И. и проблемы истории. Л. , 1970. С. 92.

公司①的股份资产额扩大为原先的 6 倍（从 50 万卢布增加为 300 万卢布）。报道原文是："该公司收购其他沥青公司后进一步扩大了资本。根据最新消息，该公司目前已收购了塞兹兰沥青制造公司的沥青厂和柏油厂以及莫斯科企业主 Ю. П. 巴巴耶夫的沥青厂。至此该公司控制了俄国约 80% 的沥青、柏油生产。"三天之后，《证券交易新闻》针对上述事件连续刊登了一周的经济评述，这类文章被我们定义为分析型报道。该报认为，与其他事例相比，塞兹兰－伯朝拉沥青矿业公司的收购事例更具代表性，更能说明一战期间俄国工业的发展状况。该报写道："我们必须再次强调：战争大大加快了俄国的生产和资本集中进程，当前这些进程仍在继续加快。此前沥青业内各企业进行了联合，根据最近消息，全俄 80% 的沥青生产企业如今都控制在塞兹兰－伯朝拉沥青矿业公司手中。该行业的生产集中在一周之内就已众人皆知。"

　　第二，所研究的报道要明确指出大型资本主义企业联合行为的参与者，与此无关的报道要排除在外。用于研究的报道类型是，"据可靠消息，石油公司将收购大洋轮船公司的股票控制额"。相反，不会用于研究的报道类型是，"中心工业区的一家大型公司与乌拉尔地区的一家采矿公司就合并进行了会谈"。

　　此外，研究每一篇报道时需要明确如下内容：其一，报道摘要；其二，报道类型（属具体事件型报道还是分析型报道）；其

---

　　①　塞兹兰－伯朝拉沥青矿业公司（俄文全称：Общество Сызранско-Печерской асфальтовой и горной промышленности）于 1882 年经沙皇批准成立，创始人为萨马拉企业家 А. И. 约尔丹。该公司前身为 Д. И. 沃耶伊科夫于 1879 年创办的塞兹兰沥青制造公司（被视为俄国沥青、柏油生产业的先驱之一）。十月革命前该公司的股份资产实现了成倍增长，全俄 80% 的沥青、柏油生产都控制在该公司手中。

三，所报道的工业领域；其四，所在报纸的名称；其五，报道发表的年、月、日；其六，所在报纸的期号及页码；其七，所在专栏的名称；其八，报道题目；其九，报道作者。这九点的范例分别如下：其一，石油公司打算购买大洋轮船公司的股票控制额；其二，具体事件型报道；其三，石油工业；其四，《戏剧评论》；其五，1916年9月23日；其六，第3226期，第18页；其七，《证券交易评论》；其八，《石油公司与大洋轮船公司》；其九，佚名。这些信息能帮助我们足够深入地分析所选报道。

由于各种原因，大型资本主义企业的某一联合行为通常会被多家报纸报道。因此我们可以将俄国报纸作为重要史料来补充手头缺少的垄断组织公文资料。在刻画垄断的整体进程时，用一项史料印证一个事实就足够了，报纸对事件的重复性叙述属于多余信息，它们会对研究造成干扰，应将其排除在外。笔者认为，报纸中与大型资本主义企业的联合行为相关的具体事件型报道能说明俄国工业垄断的整体进程，在研究时要排除各报中与具体事件相关的重复性叙述。在分析所选报道的结构和内容时，我们既要明确哪些报纸报道了事件，又要研究这些报纸在报道中如何反映事件。报纸中的所有报道会形成报道群，本章中我们的研究对象是所选12种报纸的报道群。

俄国报纸中与大型资本主义企业的联合行为相关的报道可以划分为两大类：其一，企业领导人公开宣布的信息；其二，报纸主编通过个人渠道获得的信息。第一类信息通常会同时出现在多家报纸中，第二类信息是被各报独家报道后再由其他报纸转载。

1914～1917年，绝大多数俄国大型资本主义企业都是股份制公司，按照规定，它们需定期公开与自身活动相关的信息。1836

年 12 月 6 日，俄国曾出台股份制公司立法，相关部门后来又对它做了一些修改和补充，直到十月社会主义革命前夕，该法令才最终确定了股份制公司的整体活动制度和报表制度。1901 年 12 月 21日，民事法律在第 2158 条中补充了"股份制信贷机构、股份制工商业公司（不包括铁路公司）、股票公司（没有它们，任何公司的股票都不能流通于证券交易市场）以及股份制保险公司召开全体股东会议和组织监察委员会的暂行条例"，该条例补充并修改了以往的股份制相关立法。①

各公司的联合需要大量资金，它们一般会以扩大股份资本的方式解决资金问题。在帝俄，公司章程要经沙皇颁布的单独法令确立后才有效，许多公司的章程中规定：公司要扩大股份资本就必须得到全体股东会议的认可，随后还必须由政府批准全体股东会议的决议。

帝俄法律将全体股东会议划分为日常会议和特别会议两类。②日常会议每年都召开，其目的是总结公司当年的业务活动。当时规定，所有出席会议者手头的股票总额达到公司总股份资本的 1/5 时日常会议才有效。特别会议与日常会议不同，它并非定期举行，而

---

① Голиков А. Г. Регулирование делопроизводства российских акционерно-паевых торгово-промышленных предприятий（общее законодательство）// Вестн. Моск. ун-та. Серия История. 1972. №4; Голиков А. Г. К вопросу о составе, содержании и сохранности документов акционерных компаний // Источниковедение отечественной истории. Сборник статей. 1979. М., 1980.

② О товариществах по участкам или компаниях на акциях//Полное собрание законов Российской империи（ПСЗ）, II. Т. 11; ст. 9763; Свод законов Российской империи（СЗ）. Спб. 1857. Т. Х. Ч. 1. Свод законов гражданских, ст. 2139—2198. Последний раз том Х был переиздан в 1914 г.

是在必要时才举行，其目的是解决与"扩大或缩减股份资本、债券发行、公司章程变更、公司事务决策"相关的问题。当所有出席会议者手头的股票总额达到公司总股份资本的 1/2 时，特别会议上的决议才有效。日常会议和特别会议通常会在同一地点、同一日期举行，间隔为一小时。当参会人数未达到法定标准时，会议在法律上便无效，此后就要召开第二次会议。无论参会股东们的股票总额为多少，二次会议的决议都是有效的，该次会议只能研究那些在第一次会议上讨论但仍未解决的问题，绝大多数参会股东都要充分考虑这些问题该如何解决。公司领导人在第二次会议上能够提出他们所需要的决议，并支配少部分股票。通常，大型公司在第二次股东特别会议上才能解决与"收购其他企业股票控制额（此为公司间的联合行为）"相关的问题。

根据一般规定，公司至少要在召开全体股东会议的 21 天前公告如下信息：其一，举行会议的日期和具体时间；其二，举行地点；其三，会上要解决的所有问题。在哪些刊物上登载上述公告则由公司章程规定。20 世纪初，大部分公司在《政府公报》①、《金融—工商业公报》（财政部主办）及其他一些发行于首都和外省的政府报纸上登载此类公告。A. H. 巴哈诺夫给出的数据显示，一战之前政府刊物通过登载信息获取的收益中约有 90% 是来自股份公

---

① 该报俄文名称为 Правительственный вестник，是俄国内务部主办的圣彼得堡日报，由内务大臣 A. E. 季马舍夫于 1869 年提议创办，主要刊登政府的命令通告、大臣委员会和国务会议的工作报告、国内外新闻、文章、书评、证券交易参考表及气象报告等。1917 年 3～10 月是临时政府的官方刊物，更名为《临时政府公报》，从 1917 年 10 月 28 日起，该报更名为《工农临时政府公报》，并声称自己是人民委员会的官方刊物。《工农临时政府公报》一直发行到 1918 年 3 月 10 日。——译者注

司刊登的法定公告①，由此可见，各报主编会非常愿意最大限度地刊登大型资本主义企业的公告。资本家们想在有广泛影响力的报纸上登载广告，但从发行量来看，政府报纸根本不能满足他们的需求。许多资产阶级报纸的销售量可达几万份甚至几十万份，但一战前夕，《圣彼得堡新闻》（官办报纸，第一章中曾提及）的发行量还未超过 2000 份，后来甚至不足 1500 份。与《圣彼得堡新闻》类似的官办报纸在当时并未得到广泛传播，所以股份公司的领导人都"尽量不在这些报纸中进行昂贵的宣传"②。

我们发现，大部分股份公司在为自身活动做宣传时，既会利用最具影响力且传播最广的报纸，也会利用公司章程中指定的但发行量少的报纸。各公司董事会虽然会在其他报纸上宣传公司的绝大部分业务，但也偶尔会在《圣彼得堡新闻》上为这些业务打广告。俄国机械设备及战时用品制造股份公司③比较特殊，该公司只在《圣彼得堡新闻》上刊登法定公告，其领导人将有关公司调配组合的大量广告都投放在了其他报纸上。为了满足公司董事会的要求，各报纸的编辑竭尽全力刊登最详尽、最具体的广告信息。

许多报纸对董事会提交给全体股东大会的报告内容进行了转述。读者从这些报道中不仅能知道股东们要研究哪些问题，还能知

---

① Боханов А. Н. Буржуазная пресса России и крупный капитал. Конец XIX в. — 1914 г. C. 81.

② Боханов А. Н. Буржуазная пресса России и крупный капитал. Конец XIX в. — 1914 г. C. 83.

③ 俄国机械设备及战时用品制造股份公司（俄文全称：Русское акционерное общество для изготовления снарядов и военных припасов），1910 年创立于圣彼得堡，前身为巴尔维阿依涅公司，故下文也称巴尔维阿依涅公司。由圣彼得堡俄亚银行资助，属于银行军工集团的一员，1918 年被社会主义国有化。——译者注

道董事会用哪些论据来论证所提交的解决方案。会议开始的前一周，董事会必须将预备讨论的问题列为书面报告并提交给股东们。无论一般立法，还是公司章程都未规定何种报纸能刊登董事会提交给股东大会的书面报告。大型公司通常会将这些报告印刷很多本，以便让股东们都能熟悉报告内容。

董事会将文字报告提交给股东们后，报纸能够很快将其内容公之于众。这首先是因为，报纸编辑只要持有某公司的一只股票便能够直接参加该公司的全体股东大会，作为股东他们有权阅读董事会提交给大会的《公司业务总结和长远规划报告》（其中包含董事会的文字报告以及会议记录副本，还要罗列出哪些股东会向大会呈报股票并参加大会），各报编辑们通过上述途径获取了董事会报告的内容，后来又将其刊登在报纸上。其次是因为，与各大资本主义企业关系密切的银行总是在报纸中为自身业务打广告，报纸便将银行作为另一个获取工商业公司相关消息的固定渠道。最后是因为，报纸编辑常常会利用优秀同行们的即时报道，因此，在研究报纸中与公司董事会提交给全体股东大会的报告相关的报道时，既要知道哪些报纸刊登了这类报道，又要注意其刊登时间。此外，各报编辑还会通过个人渠道获取与董事会报告相关的补充信息。如下几家报纸经常登载董事会提交给股东大会的报告，它们分别是《证券交易新闻》、《戏剧评论》、《财经报》、《言论报》、《商人报》、《商业电报》及《工商业报》。

对报纸内容进行分析后可知，某公司全体股东大会的工作报告会被多家报纸连续刊登，这是因为各报编辑都能通过上述几种渠道获取董事会报告以及该公司全体股东大会的会议记录副本（或者与这些文件内容相关的信息）。这些文件中包含的与大型资本主义

企业联合行为相关的信息和数据也被各家报纸反复报道。当时人们普遍认为，公司股东大会上所做的决议要比董事会提请大会批准的方案更重要，因为虽然股东们通常会认可董事会的提议，但一般不会立刻批准。

各家报纸间还会存在信息不一致的情况。例如，不同报纸刊登的同家公司全体股东大会工作报告互有差别，因此研究者必须将这类信息全部找出。1915 年 6 月 20 日，圣彼得堡车厢制造公司召开了全体股东特别会议，会上股东们核准了董事会有关"增加 1500 万卢布的公司资本来购买另一家企业"的提议。该月，我们所选的 12 家报纸中有 6 家登载了此次会议的工作报告。① 但无论是关于召开股东大会的法定公告，或是公司的董事会报告，还是大部分报纸刊登的股东大会工作报告，都未说明圣彼得堡车厢制造公司要购买哪家企业。只有《证券交易新闻》和《商人报》指出：该公司要购买的是位于里加的菲尼克斯车厢制造股份公司。

报纸中的通讯报道、新闻简讯、分析型报道以及专访（针对工商业领域、金融领域的权威人物所做）中包含着大量与大型资本主义企业相关的信息和数据。与公司董事会公布的信息相比，报纸刊登的信息通常更多样、更新颖，下面的具体事例便能说明这一点。我们在所选 12 家报纸中寻找有关"俄国机械设备及战时用品制造股份公司购买新罗西斯克煤炭、生铁及钢轨生产公司②（即

---

① Биржевые ведомости. Первое издание, утренний выпуск. 1915. 21 июня; День. 1915. 21 июня; Речь. 1915. 21 июня; Торгово-промышленная газета. 1915. 21 июня; Обозрение театров. 1915. 23 июня; Коммерсант. 1915. 23 июня.

② 下文中的新罗西斯克公司、尤佐夫卡工厂均指的是该公司。——译者注

尤佐夫卡工厂）"的报道。

我们发现，其中 11 家报纸在 1916 年 4 月到 1917 年 2 月期间先后报道了这次收购。[①] 因为《戏剧评论》和《财经报》与圣彼得堡的俄亚银行关系密切，而巴尔维阿依涅股份公司又是由该行资助的企业，所以这两家报纸对这次收购做了最详细的报道。《圣彼得堡新闻》、《言论报》、《俄罗斯之晨》、《证券交易通讯》及《商人报》仅仅刊登了买方公司董事会正式宣布的收购公告。我们在《证券交易新闻》和《商业电报》中也找到了相关信息。《日报》和《工商业报》则在分析型报道中对该次收购做出评价。

俄国机械设备及战时用品制造股份公司董事会正式宣布的公告会被多家报纸同时登载，通过个人渠道获取的信息则会由一家报纸在第一时间独载，那么这两类信息间的比例关系通常是怎样的呢？

1916 年 4 月 6 日，圣彼得堡俄亚银行董事会决定帮助俄国机械设备及战时用品制造股份公司收购新罗西斯克公司的股票。[②] 4 月 12 日，俄亚银行董事会和新罗西斯克公司董事会就该行购买该公司股票签订了合约。4 月 26 日，《财经报》刊登了如下一则短讯："巴尔维阿依涅公司目前购买了尤佐夫卡工厂，因此该公司近期将会发行新股票。"[③] 随后《戏剧评论》证实道："巴尔维阿依涅公司与俄亚银行联手从英国企业那里购得了著名的尤佐夫卡（新罗西斯克）工厂……该公司购买工厂时支付了 3600 万卢布。

---

① 12 家所选报纸中只有《俄罗斯意志》没有报道这次交易。

② Тарновский К. Н. Формирование государственно-монополистического капитализма в России в годы первой мировой войны（на примере металлургической промышленности）. М., 1958. С. 241—242.

③ Финансовая газета. 1916. 26 апр. С. 3.

至此巴尔维阿依涅公司的总资产由 1000 万卢布增加到 3000 万卢布。"①

　　1916 年 5 月 5 日，《财经报》、《戏剧评论》及《商业电报》向读者报道：巴尔维阿依涅公司将于 5 月 31 日举行股东日常会议和特别会议②，举行股东特别会议是为了解决有关"购买新罗西斯克公司股票控制额"的问题。为了筹得收购股票所需的费用，巴尔维阿依涅公司计划发行新股票，总额为 2000 万卢布。《财经报》列举了新罗西斯克公司利润率的相关数据，并评估道，该公司 1915 年的总利润约为 2000 万卢布，1916 年的月均利润为 200 万 ~ 300 万卢布。《商业电报》评估道，新罗西斯克公司 1915 年的纯利润高于 2500 万卢布，巴尔维阿依涅公司 1915 年的生产总值为 2200 万卢布。也就是说，所购公司的收益总额要高于买方公司的生产总值。《商业电报》还强调道："现在兼并新罗西斯克公司的问题已彻底解决。为了完成此次收购的最终手续，巴尔维阿依涅股份公司将于 5 月 31 日召开特别会议。"

　　《商业电报》总是关注着公司行为的幕后操控者。例如，该报直接指出俄亚银行曾极力促成上述交易。5 月 23 日，该报向读者报道：俄亚银行行长布梯洛夫和戈登参与了巴尔维阿依涅公司和尤佐夫卡这两家大型冶金企业的合并交易，他们获得了约 200 万卢布的经理费。3 天后，该报更正道："我报记者从俄亚银行得知，由巴尔维阿依涅公司和尤佐夫卡工厂的合并交易所产生的经

---

①　Обозрение театров. 1916. 3 мая. С. 15.

②　Обозрение театров. 1916. 5 мая. С. 14—15；Финансовая газета. 1916. 5 мая. С. 3；Коммерческий телеграф. 1916. 5 мая. С. 2. 5 月 10 日《戏剧评论》再次报道：巴尔维阿依涅公司将于 5 月 31 日举行全体股东特别会议。

理费不是被普梯洛夫和戈登个人赚取，而是直接被俄亚银行获得。"①

　　据《证券交易新闻》在 5 月 26 日的报道，巴尔维阿依涅公司将在 5 月 31 日举行股东特别会议，该报还刊登了该公司董事会准备提交给大会的报告。② 随后，《戏剧评论》和《工商业报》也报道了这一文件的主要内容。③ 然而，5 月 31 日巴尔维阿依涅公司仅举行了全体股东日常会议。《戏剧评论》、《财经报》及《商业电报》又向读者报道，该公司全体股东特别会议将于 6 月 15 日再举行④，并且刊登了巴尔维阿依涅公司董事会就购买新罗西斯克公司所制定的详细报告。从该报告中可知，新罗西斯克公司在叶卡捷琳诺斯拉夫省巴赫穆特县拥有最好的石煤采矿场，其煤炭存储量约为 620 亿普特⑤，其中有 300 亿普特为焦煤；该公司在克里沃罗格还拥有优质铁矿场，其面积约为 1500 俄亩⑥，铁矿存储量达 15 亿普特。该公司位于尤佐夫卡的小镇（此地人口为 6 万），占地 17500 俄亩，它既有铸铁铸钢工厂、机械制造工厂，还涉足铁路等领域。《戏剧评论》认为，这些数据足以说明收购尤佐夫卡工厂大有益

---

① Коммерческий телеграф. 1916. 23 мая. С. 2; Коммерческий телеграф. 1916. 26 мая. С. 2.

② Биржевые ведомости. 1916. 26 мая. С. 6. Доклад правления Русского общества "Парвиайнен".

③ Обозрение театров. 1916. 27 мая. С. 13; Торгово- промышленная газета. 1916. 29 мая. С. 3.

④ Финансовая газета. 1916. 1 июня. С. 2. Покупка Юзовских заводов; Обозрение театров. 1916. 2 июня. С. 14. К покупке Юзовских заводов; Коммерческий телеграф. 1916. 2 июня. С. 2. Доклад общества "Парвиайнен".

⑤ 普特是沙皇时期俄国的主要计量单位之一，是重量单位，1 普特 ≈ 16.38 千克。——译者注

⑥ 俄亩，俄制地积单位，1 俄亩 ≈ 1.09 公顷。——译者注

处。据巴尔维阿依涅公司董事会的评估，新罗西斯克公司的资产为5750 万卢布，若要从俄亚银行获取新罗西斯克公司的股票控制额，股东们必须同意将公司股份资本再扩大 3000 万卢布，即由 1000 万卢布增加为 4000 万卢布。巴尔维阿依涅公司董事会在报告中说道：公司 1916 年的总收益约为 1500 万卢布，所以用两年的收益便足以购买新罗西斯克公司了。

实际上，巴尔维阿依涅公司于 1916 年 6 月 17 日再次召开了全体股东特别会议①，《工商业报》、《俄罗斯之晨》及《戏剧评论》刊登了此次会议的工作报告，读者由此得知，为了成功收购新罗西斯克公司的尤佐夫卡工厂，巴尔维阿依涅公司的股东们批准了董事会有关扩张公司资本的提议。

1916 年 8 月，《工商业报》和《日报》曾在分析型报道中指出：1916 年上半年，俄国的垄断化进程极为迅速，巴尔维阿依涅公司集中资本和生产便是该进程中的一个重要事实。《工商业报》认为，巴尔维阿依涅公司和新罗西斯克公司的合并是该进程中值得格外关注的事件。②《日报》认为，这次交易说明俄国工业领域已出现明显的集中联合，在此基础上还会产生许多新的托拉斯组织。③

一些报纸还介绍了巴尔维阿依涅公司董事会如何执行股东特别会议于 1916 年 6 月所通过的决议。1916 年 6 月 24 日，《戏剧评

---

① Торгово- промышленная газета. 1916. 18 июня. С. 3；Утро России. 18 июня. С. 6；Обозрение театров. 1916. 19—20 июня. С. 13.

② Торгово- промышленная газета. 1916. 10 авг. С. 2. Зив В. Акционерная жизнь в июле.

③ День. 1916. 19 авг. С. 4. Акционерное учредительство и процесс синдицирования промышленности.

论》向读者们报道：为了让巴尔维阿依涅公司获得新罗西斯克公司的股票控制额，俄亚银行将在尤佐夫卡开设分行。[1] 7 月初，《证券交易新闻》报道：政府批准了巴尔维阿依涅公司股东大会有关扩大资本的决议，该公司董事会欲在当年之内发行完已批准的股票。[2] 随后该报又报道：巴尔维阿依涅公司开始为新发行的股票募集股本，新股票最初的总面额为 2000 万卢布。[3] 9 月 3 日是征募股本的最后一天，当日，《戏剧评论》和《财经报》为巴尔维阿依涅公司刊登了发行新股票的公告："即日起每一只原始股票转变为 3 只现股，也许很多人会因同名股票倍出而担心……但是，从今往后这些股票将代表尤佐夫卡工厂这一顶尖企业，该厂是以 3600 万卢布的价格从英国人那里购得……如今该工厂的年利润大概为 1500 万卢布。再次发行的股票将从尤佐夫卡工厂和巴尔维阿依涅公司获得股息。每支新股票的年股息暂定为 15～18 卢布。"[4] 过了不到一个月，《财经报》报道：巴尔维阿依涅公司在俄亚银行的担保下发行了总面额达 1000 万卢布的股票。[5]

10 月初，《财经报》和《戏剧评论》向读者报道：巴尔维阿依涅公司将从交通部那里得到一份制造铁路机车的大订单，该订单总值为 1.35 亿卢布，交货期限为 5 年。[6]《财经报》在 11 月报道：

---

[1] Обозрение театров. 1916. 24 июня. С. 12。两个月后该报进一步报道：俄亚银行哈尔科夫分行的经理受命在叶卡捷琳诺斯拉夫和尤佐夫卡建立两家新的支行。参见 Обозрение театров. 1916. 25 авг. С. 11。

[2] Биржевые ведомости. 1916. 6 июля. С. 6.

[3] Биржевые ведомости. 1916. 19 авг. С. 6.

[4] Обозрение театров. 1916. 3 сент. С. 15；Финансовая газета. 1916. 3 сент. С. 3.

[5] Финансовая газета. 1916. 24 сент. С. 3.

[6] Финансовая газета. 1916. 4 окт. С. 3；Обозрение театров. 1916. 5 окт. С. 17.

大臣委员会已批准将这份订单给予该公司。① 很快该报又报道：由于交通部所下的长期订单，该公司股东会议决定将股份资本再扩大2000 万卢布，至此该公司股票总额从 4000 万卢布增至 6000 万卢布。② 随后，各家报纸刊登了该公司扩大股份资本的法定公告，但并未说明董事会为何向全体股东大会提议扩大资本。

巴尔维阿依涅公司的董事会认为，按照交通部的长期订单，公司需要制造 1470 台货运蒸汽机车、15.6 万节棚顶式车厢、10 万组机车轮箍，所以应在尤佐夫卡建立专门工厂。为了获得建设新厂、修复旧厂所需的资金，董事会提议公司再发行总面额为 2000 万卢布的股票。③ 为了解决进一步扩大公司资本的问题，董事会组织了股东大会。1917 年 1 月末至 2 月初，一些报纸公布了董事会提交给股东大会的报告。巴尔维阿依涅公司于 1917 年 2 月 16 日举行了第二次全体股东特别会议，俄亚银行的董事长 A. И. 布梯洛夫任大会主席，会上批准了董事会的提议。此次会议的工作报告被多家报纸刊登。④

上述数据资料说明：各家报纸会对某一大型资本主义企业的联合行为进行不同报道。我们在分析各报对俄国工业领域的联合行为

---

①　Финансовая газета. 1916. 25 ноября. С. 3.

②　Финансовая газета. 1916. 13 дек. С. 2.

③　Биржевые ведомости. 1917. 31 янв. С. 6；Речь. 1917. 1 февр. С. 5；Коммерческий телеграф. 1917. 1 февр. С. 2；Обозрение театров. 1917. 3 февр. С. 14；Финансовая газета. 1917. 4февр. С. 2；Биржевой курьер. 1917. 7 февр. С. 3；Торгово-промышленная газета. 1917. 9 февр. С. 3；Петроградские ведомости. 1917. 8 февр. С. 6.

④　此次会议的工作报告参见 Биржевые ведомости. 1917. 17 февр. С. 8；Речь. 1917. 17 февр. С. 5；Биржевой курьер. 1917. 17 февр. С. 3；Финансовая газета. 1917. 17 февр. С. 2；Коммерческий телеграф. 1917. 18 февр. С. 2；Торгово-промышленная газета. 1917. 19 февр. С. 4；Коммерсант. 1917. 22 февр. С. 2.

的相关报道后得出：那些由企业领导人正式宣布的信息以及报纸编辑通过个人渠道获取的信息有时并不可靠。比如，圣彼得堡车厢制造公司并未在 1915 年 6 月立即执行全体股东大会有关"购买里加的菲尼克斯车厢制造股份公司股票控制额"的决议。一年半之后（1916 年末），这两家公司才实现了合并。从另一个角度来看，报中有些信息就算是道听途说也并非完全不可信，它们只是不具官方性质。笔者认为，无论什么形式的报道，只要未被人们驳斥、怀疑，那么就能将其看作可靠信息。

各家报纸连续刊登了许多有关工业垄断的报道，资产阶级报纸在确定某些与垄断化进程相关的总体概念时必定会受到这些报道的影响，有些概念甚至直接出自各报的分析型报道，很多时候，我们连这些分析型报道的作者姓甚名谁也不清楚。我们只知道，И. 伊林斯基长期为《圣彼得堡新闻》撰稿，B. C. 季夫长期为《证券交易新闻》和《工商业报》撰稿。此外，《工商业报》中还有一些署名为 Г. 戈德贝尔格和 Г. 卡斯别尔洛维奇的分析型文章，《财经报》刊登的分析型文章经常无署名，《日报》中有些署名为"Z"的分析型文章，该笔名属于谁则未被公开。《俄罗斯意志》的《经济专栏》由 M. И. 博格列波夫教授主持，刊登在该专栏的分析型文章也无署名。虽然各家报纸的属性不尽相同，如《工商业报》是财政部的官方刊物，《圣彼得堡新闻》是政府的半官方刊物，《证券交易新闻》是独立刊物，《财经报》、《日报》及《俄罗斯意志》则都靠银行资助，但所有上述报纸都对俄国工业垄断进程的发展趋势做出了相似分析。

我们对不同报纸中的分析型资料进行比较后发现有些报纸的报道明显雷同，这多半是因为两家报纸任用了同一位撰稿人，如

B. C. 季夫同时任职于《证券交易新闻》和《工商业报》。由于各报既刊登独创的分析型报道，又引用其他报纸的报道，所以人们不太关注各报内容有何相似之处。我们发现，《财经报》于 1916 年 6 月 1 日刊登的报道曾被《工商业报》引用（于 1916 年 12 月 14 日及 1917 年 1 月 5 日），随后《俄罗斯意志》引用了《工商业报》的报道（于 1916 年 12 月 20 日及 1917 年 1 月 7 日），一段时间后《俄罗斯之晨》又引用了《俄罗斯意志》的报道（于 1917 年 2 月 8 日）。

　　《财经报》于 1916 年 6 月 1 日刊登的是一篇无署名文章，《工商业报》于 1916 年 12 月 14 日发表的文章署名为 Г. 戈德贝尔格，表 1 对这两篇文章进行了比较。

表 1　《财经报》和《工商业报》的报道对比

《财经报》	《工商业报》
可以看出，目前工业活动的鲜明特征是追求纵向联合，这类生产联合的目的是让各工业公司通过自身生产来保障所有必需的生产资料……为了有足够的金属用于生产，机械制造企业会与制铁企业联合；为了储备燃料，冶金企业会与煤炭企业联合；为了获取建筑木材和薪材，工业公司会购买林地……读者可以在我报的股份制专栏中寻找具体事例来印证上文列举的现象	追求纵向联合是当前经济发展的鲜明特征……可以看出，各企业联合的目的是为其所在的工业团体提供必需的生产资料……生产的纵向联合在冶金工业和金属加工工业中表现得最为明显，战争时期这两个领域间关系十分密切……为了储备燃料，冶金企业会购买煤矿并组织煤炭开采；需要建筑木材和薪材的工业公司会为自己购买林地。其实，几乎在所有其他的工业领域中都能看到将相互联系的各生产阶段联合起来的趋势……股份公司董事会于战争期间提交给公司全体股东会议的报告中有很多内容都涉及组织生产的问题，从这些报告中可以找到描写纵向联合的具体内容

　　我们发现，不同报纸中的分析型报道具有相似性，由此便能断定各报中的具体事件型报道间也存在一定联系。我们有目的性地在

前述 12 种日报中选择了大量与第一次世界大战期间俄国大型资本主义工业公司的联合行为相关的同类型资料，为的是在此基础上概括各报报道的特点，并提出"报道量"的概念。"报道量"既能反映各类报道的数量，又能反映报纸的报道倾向。

表 2 各报对 1914～1917 年俄国工业垄断的报道量

单位：条

报道类型	报纸名称											报道总量
	К	КТ	БВ	ФГ	ОТ	ТПГ	УР	Р	БК	Д	ПВ	РВ	
具体事件型报道	177	147	87	77	79	33	46	36	33	26	21	9	771
分析型报道	5	12	49	6	0	14	1	0	0	6	7	3	103
所有报道	182	159	136	83	79	47	47	36	33	32	28	12	874

注：各缩写词所表示的报纸名称分别如下：К——《商人报》；КТ——《商业电报》；БВ——《证券交易新闻》；ФГ——《财经报》；ОТ——《戏剧评论》；ТПГ——《工商业报》；УР——《俄罗斯之晨》；Р——《言论报》；БК——《证券交易通讯》；Д——《日报》；ПВ——《圣彼得堡新闻》；РВ——《俄罗斯意志》。下表同此。

我们在所选 12 种报纸中共找出 874 条有关一战期间俄国工业垄断进程的信息（包括 771 条具体事件型报道和 103 条分析型报道）。由表 2 我们可知：这 874 条信息中有 78.5%（686 条）出自《商人报》、《商业电报》、《证券交易新闻》、《财经报》、《工商业报》和《戏剧评论》这 6 家报纸；771 条具体事件型报道中有 77.8%（600 条）出自上述 6 家报纸；103 条分析型报道中有 83.5%（86 条）出自上述 6 家报纸，仅《证券交易新闻》和《工商业报》上就刊登着其中的一多半。

从上述内容可知，利用报道量虽然无法知道各报中有多少报道与大型资本主义企业的具体联合行为相关，又有多少报道与垄断整体发展趋势相关，但是可以知道各报中具体事件型报道和分析型报

道间的对比关系。要想弄清各报同类型报道间联系的紧密程度，我们需要采用定量分析法对各报的报道量进行研究。

历史研究中经常把定量分析法和数学分析法这两个概念等同起来。И. Д. 科瓦里钦科认为："严格来讲，这两种方法并不相同。它们之间的区别是：定量分析法是在定量指标系统的基础上对现象和进程进行常规分析，数量分析法则是以定量指标系统和数学模型为基础来分析这些现象、进程。在这两种方法中，定量指标系统是分析的基础，要对该系统中的数据进行整理加工就需采用其中一种方法。只有将定量分析法和数学分析法用作同一概念时，它们才具有共同之处。不可否认，将这两个概念等同已成了历史学界的传统，但必须记住这是两个不同的术语，它们表达的概念不同，在必要时应区分使用它们。"① 本书中我们使用了定量分析法，因为它与研究任务及研究内容最相符。

如今，定量分析法在历史学著作中得到非常广泛的应用，一些讨论如何使用定量分析法的著作也已出现。② 所以笔者无须就此方法做过多说明。

Л. И. 波罗特金曾用对比分析法研究历史数据，并对各类表格进行数学处理，笔者在本书中借鉴了他的研究方法。我们将与研究对象相关的数据看作一个整体，运用对比分析法评估这些对象间的

---

① Ковальченко И. Д. Методы исторического исследования. С. 294.

② Количественные методы в исторических исследованиях（учебное пособие，Под ред. КовальченкоИ. Д. ）. М. , 1984；Бородкин Л. И. Многомерный статистический анализ в исторических исследованиях；Ковальченко И, Д. Методы исторического исследования；Ковальченко И. Д. , Бородкин Л. И. Современные методы изучения исторических источников с использованием ЭВМ（учебное пособие）.

关联程度。在统计学中，将一系列对象按其表现出某性质的程度进行有序排列的方法叫作分类法，其中的每一个对象都会被划分入某个类别，如一类、二类、三类等。对所研究对象进行分类后，可以用等级对比系数来表示纵横两组数据间的相互关联程度，等级对比系数的值介于 -1 与 1 之间。如果两组数值完全吻合（即每个研究对象在横行竖列中数值一样），那么对比系数为 1，这说明系数完全为正；如果研究对象在横行和竖列中的数值互为负数，那么对比系数为 -1，这说明系数完全为负。系数模量由 0 至 1 的增长说明了两列数值间的相符性加强。

表 3 以数据表格的形式反映了报纸中的诸多信息，该表的研究对象是 12 家报纸中与俄国 15 个工业领域中大型资本主义企业的联合行为相关的报道，这 15 个工业领域分别是金属加工业、冶金业、石油业、纺织业、甜菜制糖业、烟草业、橡胶业、煤炭业、食品制造业、建材生产业、化工业、制革业、火柴业、造纸业、化妆品业，表中数据分别对每家报纸中各行业报道的数量，以及所有 12 家报纸中各行业报道的总数进行了说明。

从表 3 我们可知，各家报纸中有关不同工业领域垄断化进程的报道在数量上有差异。例如，与纺织企业的联合行为相关的所有报道中有 72.5% 被刊登在《商人报》、《商业电报》及《俄罗斯之晨》这 3 家莫斯科报纸中（此类报道总共 98 条，此 3 家报纸中有 71 条）。《商业电报》和《俄罗斯之晨》中有关工业垄断的所有报道中，与纺织工业相关的报道在数量上占首位。圣彼得堡的各家报纸都不约而同地将报道重心放在了重工业领域的企业联合行为上，其中大部分报纸将金属加工业作为首要的报道对象，但《证券交易新闻》中刊登最多的是冶金工业的相关报道，《日报》中刊登最

多的是石油工业的相关报道。仅靠这些信息并不能看出各报报道量之间的相互关系。

表3　1914～1917年各报中有关俄国各工业领域垄断化事实的报道量

单位：条

顺序	工业领域	报纸名称												12种报纸总量
		К	КТ	БВ	ФГ	ОТ	ТПГ	УР	Р	БК	Д	ПВ	РВ	
1	金属加工业	37	33	19	31	35	16	11	15	10	10	12	5	234
2	冶金业	28	21	22	13	14	4	7	6	8	1	2	2	128
3	石油业	26	12	15	19	14	5	4	7	6	11	4	1	124
4	纺织业	25	35	6	6	0	5	11	0	7	2	1	0	98
5	甜菜制糖业	22	17	4	1	5	1	3	0	1	2	1	0	57
6	烟草业	8	8	3	1	2	1	3	0	0	0	1	0	27
7	橡胶业	4	4	4	3	4	0	1	2	0	0	0	0	24
8	煤炭业	7	5	3	1	0	0	1	1	1	0	0	0	19
9	食品制造业	4	4	4	0	0	0	0	0	0	0	0	0	13
10	建材生产业	5	1	3	0	13	0	2	0	0	0	0	0	12
11	化工业	4	5	0	0	0	0	1	0	0	0	0	0	11
12	制革业	4	0	0	1	1	0	2	2	0	0	0	0	10
13	火柴业	1	1	1	0	2	0	0	3	0	0	0	0	8
14	造纸业	1	1	1	0	0	0	0	0	0	0	0	0	5
15	化妆品业	1	0	0	0	0	0	0	0	0	0	0	0	1
16	各领域总量	177	147	87	77	79	33	46	36	33	26	21	9	771

为了在表3中初始数据的基础上衡量各报报道量间的相互关联程度，我们采取了对比分析法，计算出表3中13个对比项（12家报纸中每家的相关报道量及12家报纸中相关报道的总量）在15项研究主体（每一项都是各报中与某工业领域企业联合行为相关的报道量）中的等级对比系数，并通过这些系数的值分析了13个对比项间的相互关系。

　　表 4 中所有数值皆为正，这说明各对比项（各报的报道量）间的等级对比系数为正。我们首先来看表格最后一列（第 13 列），该列数据表示所有 12 种报纸的总报道量（第 13 行）与每一种报纸的报道量（1～12 行）间的相互关联程度。表 4 中，第 13 行和第 8 行（《言论报》的报道量）间的等级对比系数值最低，为 0.5。第 13 行和其他行间的等级对比系数值都高于 0.6。第 13 列的 12 个等级对比系数中有 9 个高于 0.8。

表 4　1914～1917 年各报纸中有关俄国各工业领域垄断化事实的
报道量间的相互关系（等级对比系数）

单位：%

项目	对比系数												
	1	2	3	4	5	6	7	8	9	10	11	12	13
1.《商人报》	—	88	79	83	59	84	93	40	87	81	89	59	93
2.《商业电报》	88	—	79	74	47	84	80	23	84	79	83	48	84
3.《证券交易新闻》	79	79	—	84	53	83	67	43	79	77	77	73	91
4.《财经报》	83	74	84	—	57	88	77	62	79	76	79	77	92
5.《戏剧评论》	59	47	53	57	—	66	58	69	46	59	69	76	64
6.《工商业报》	84	84	83	88	66	—	86	46	79	86	92	72	91
7.《俄罗斯之晨》	93	80	67	77	58	86	—	35	79	86	86	52	85
8.《言论报》	40	23	43	62	69	46	35	—	50	44	44	79	50
9.《证券交易通讯》	87	84	79	79	46	79	79	50	—	88	83	61	84
10.《日报》	81	79	77	76	59	86	79	44	88	—	90	59	81
11.《圣彼得堡新闻》	89	83	77	79	69	92	86	44	83	90	—	64	88
12.《俄罗斯意志》	59	48	73	77	76	72	52	79	61	59	64	—	69
13.12 种报纸	93	84	91	92	64	91	85	50	84	81	88	69	—

　　研究者为了解决问题会确定等级对比系数的最小值，该值被称为对比系数临界值，用它可衡量各对比项间的实际关联程度。本书中，我们将等级对比系数临界值定为 0.5，该值与其他文献著作中

的对比系数相比明显较高。

我们从表 4 中还可知，所列的大部分系数都高于临界值。这证明各对比项间存在着紧密联系。我们还看出，表中某些对比项之间偏离了联系紧密的整体趋势。与各家报纸的报道量间存在紧密联系的整体趋势相比，上述现象虽有些反常，但它们与整体结论并不相悖，它们仅能说明其他各行间存在更为紧密的联系。例如，表中第 8 行《言论报》的报道量与其他报纸的报道量相比所得出的低临界值对比系数最大，这说明，除《言论报》外各家报纸的报道量间联系紧密。表 4 中其他低于临界值的等级对比系数都出自《商业电报》和《证券交易通讯》所对应的两组数据，这是因为这两家报纸的出版人相同，它们长期相互引用彼此的报道。

第 2 行和第 12 行（即《商业电报》的报道量和《俄罗斯意志》的报道量）间的等级对比系数值较低，为 0.48。这是因为《商业电报》和《俄罗斯意志》的编辑们感兴趣的行业不同。此外，《俄罗斯意志》在 1916 年 12 月中旬才发行了第一期，《戏剧评论》及《财经报》中所有与大型资本主义企业的联合行为相关的具体事件型报道要比《俄罗斯意志》中的此类报道多得多。我们在第一章中已指出，这 4 家报纸都与圣彼得堡的大型银行保持着密切联系。

尽管第 5 行和第 2 行（即《戏剧评论》的报道量和《商业电报》的报道量）间的等级对比系数（0.47）以及第 5 行和第 9 行（即《戏剧评论》的报道量和《证券交易通讯》的报道量）间的等级对比系数（0.46）都略低于我们确定的临界值，但它们总体上依然很高。我们认为，用于衡量《戏剧评论》的报道量（79 条）和《商业电报》的报道量（147 条，一战开始前就已发行）

间关联程度的对比系数非常典型。仅用表中的原始数据不能够充分比较各报中有关 15 个工业领域的报道量。因为若表中大部分对象为同一个数值，那么等级对比系数也会成为某固定值。

各家报纸中有大量具体事件型报道与第一次世界大战期间俄国大型资本主义企业的联合行为相关，我们发现各报报道量间的对比系数均为正，由此可推测，这类报道主要被刊登于某些报道量间联系紧密的报纸。

在确定这类报道主要被刊登于哪几种报纸时，我们要研究各报如何报道不同工业领域内的企业联合行为，还要在此基础上分析各报的报道量。我们不必分析区域性利益如何影响各家报纸对大型资本主义企业联合行为中具体事实的报道，因为我们在前文中已指出：发行于莫斯科的报纸主要关注纺织企业（主要是莫斯科各银行资助的莫斯科纺织企业）的联合行为如何发展；发行于圣彼得堡的报纸也会向读者报道企业的相关信息，首先是那些让圣彼得堡各银行感兴趣的重工业公司。可见，当地方性报纸仅在发行城市传播时，区域性利益才会对报中所登报道的主题范围产生一定影响。

在本书中，我们把研究时期限定在 1914 年 7 月至 1917 年 10 月，统计了各家报纸在该时期的各时间段内对不同工业领域的资本主义企业联合行为所做的报道。

在该时期内确定时间分段的数量和持续时长是一个既重要又复杂的问题。首先，应该划分出足够的时间分段。其次，为了让各时间段能以固定顺序排列，就必须尽量采用自然数来表示各研究对象在大部分时间段内所对应的数值，因此，时间分段的数量不宜过多。最后，还必须对同一报纸在不同时间段内的报道量进行比较，

故各时间分段的时长应该大致相同。

我们根据上述几点，将 1914 年 7 月至 1917 年 10 月这段时期划分为 12 个时间段，每个时间段的持续时长约为一个季度。因为俄国在 1914 年 7 月 20 日发布了参加一战的公告，所以第一个时间段（1914 年 7～9 月）相对较短。1917 年，俄国的垄断化进程和各报纸对该进程的报道都受到了国内革命事件的严重影响，所以按季度原则划分该年的时间段是不合理的。再者，从研究任务来看，最重要的不是各时间段间的数据关系，而是各报报道量间的数据关系，统计各报的报道量时可以不对各时间段的长短做硬性要求。故我们将 1917 年的数据划分为两个时间分段，分别为 1～2 月，3～10 月（它们之间的界限是二月资产阶级民主革命）。

表 5 以数据表格的形式对所选 12 种报纸中与俄国工业垄断相关的具体事件型报道进行了统计，表中数据不仅说明了这些报纸在各时间段的总报道量以及每一种报纸在各时间段的报道量，还反映了这些报纸的报道量在 1914～1917 年如何波动。就表 5 数据来看，各报报道量间没有明显的联系，但从第 13 栏中我们可以看出，1914～1916 年，这 12 种报纸中与工业垄断相关的具体事件型报道越来越多，到 1916 年第三季度和第四季度这类报道数量达到极点。我们在比较 12 种报纸在各个时间段的总报道量时，只比较了 1914～1916 年的 10 个时间段，而未将 1917 年的 2 个时间段和其他时间段进行对比，这是因为以下三点原因。其一，1917 年 1～2 月这一时段要比表格中其他时间段的 2/3 都短，相反，1917 年 3～10 月这一时段要明显长于其他时间段。其二，在 1917 年，一些报纸的发行周期被打破，如《财经报》和《戏剧评论》；一些报纸的编辑不

再对工业垄断类新闻有多大兴趣，如《日报》；一些报纸拒绝刊登经济类报道，如《俄罗斯之晨》。其三，1917年很特殊，该年俄国深受重大政治事件的影响，国内报纸在反映工业垄断进程时必然会受到这些事件的影响。

表5　1914～1917年各报中与俄国工业垄断相关的
具体事件型报道的数量

单位：条

项目	1914年		1915年				1916年				1917年		总量
	第三季度	第四季度	第一季度	第二季度	第三季度	第四季度	第一季度	第二季度	第三季度	第四季度	1～2月	3～10月	
1.《商人报》	0	3	12	14	10	7	21	19	31	15	18	27	177
2.《商业电报》	1	5	3	9	8	6	13	14	25	34	11	18	147
3.《证券交易新闻》	2	3	5	6	10	6	9	11	8	7	9	11	87
4.《财经报》	未发行				6	5	4	10	25	11	11	5	77
5.《戏剧评论》	1	1	3	3	3	3	7	22	14	8	11	3	79
6.《工商业报》	0	1	0	3	4	1	1	5	8	3	4		33
7.《俄罗斯之晨》	0	0	2	4	0	0	0	7	14	13	6	0	46
8.《言论报》	0	0	1	2	0	2	3	1	4	10	5	8	36
9.《证券交易通讯》	未发行									18	7	8	33
10.《日报》	0	0	1	5	5	2	0	2	4	4	1	2	26
11.《圣彼得堡新闻》	0	1	0	3	2	1	5	2	4	2	0	1	21
12《俄罗斯意志》	未发行									2	4	3	9
13.12种报纸总量	4	13	27	49	48	33	63	92	134	132	86	90	771

要想衡量各报报道量间的联系有多紧密，就要采用对比分析法，得出各报报道量间的等级对比系数。我们基于表5中的初始数据计算了表5中第1～8行、第10行、第11行及第13行间（分别为《商人报》、《商业电报》、《证券交易新闻》、《财经报》、《戏剧评论》、《工商业报》、《俄罗斯之晨》、《言论报》、《日报》和《圣

彼得堡新闻》的报道量及所有 12 种报纸的总报道量）的等级对比系数，得出了表 6。表 6 中所有系数的值均为正，这说明所有的对比项间呈正相关。我们未将第 9 行、第 12 行（《证券交易通讯》和《俄罗斯意志》的报道量）纳入分析，这是因为这两种报纸在表中 12 个时间段中仅发行了 3 个时间段，故无法计算出这两行和表中其他各行间的等级对比系数。

从表 6 中我们得出，第 11 行（12 种报纸的总报道量）和第 1~10 行（各报的报道量）之间联系非常紧密。第 11 行和第 9 行（《日报》的报道量）间的等级对比系数值最低，为 0.49。第 11 项和其他行间的 9 个等级对比系数中有 8 个高于 0.6，其中有 5 个高于 0.8。

从表 6 中的数据能清晰看出：与俄国大型资本主义工业公司的联合行为相关的报道主要出自 6 种报纸，分别是《商人报》、《商业电报》、《证券交易新闻》、《财经报》、《戏剧评论》及《工商业报》（表中第 1~6 行）。这 6 种报纸报道量间的等级对比系数均不低于 0.63。我们还在表 2 数据的基础上得出了这些报纸的报道量在总报道量中所占的比例。

在采用超过临界值 0.5 的对比系数来衡量各对比项间联系程度的同时，我们还发现表 6 中第 7~10 行（分别为《俄罗斯之晨》、《言论报》、《日报》和《圣彼得堡新闻》）间的等级对比系数均低于临界值。在这 4 家报纸中，《俄罗斯之晨》和《言论报》在列表中靠前（第 7 项和第 8 项），它们所对应的等级对比系数中均有 4 个低于临界值。《日报》和《圣彼得堡》在列表中靠后（第 9 项和第 10 项），前者对应了 8 个低于临界值的等级对比系数，后者对应了 6 个。

表6　1914～1917 年各报中与俄国工业垄断相关的具体事件型
报道间的数量关系（等级对比系数）

单位：%

项目	对比系数										
	1	2	3	4	5	6	7	8	9	10	11
1.《商人报》		85	72	64	77	64	50	72	24	52	87
2.《商业电报》	85		67	79	76	89	60	80	45	59	97
3.《证券交易新闻》	72	67		63	64	67	17	41	36	37	69
4.《财经报》	64	79	63		84	87	70	62	58	34	87
5.《戏剧评论》	77	76	64	84		68	78	56	31	43	87
6.《工商业报》	64	89	67	87	68		61	60	74	52	89
7.《俄罗斯之晨》	50	60	17	70	78	61		47	42	26	72
8.《言论报》	72	80	41	62	56	60	47		24	23	76
9.《日报》	24	45	36	58	31	74	42	24		46	49
10.《圣彼得堡新闻》	52	59	37	34	43	52	26	23	46		54
11. 12 种报纸总量	87	97	69	87	87	89	72	76	49	54	

从表 2 可知，与俄国工业领域大型资本主义企业的联合行为相关的报道主要集中于表 6 的前 6 种报纸（其中既有股份制公司董事会宣布的信息，还有编辑通过个人渠道获取的信息），所以这 6 种报纸报道量间的等级对比系数值相对较高。

在其余 4 种报纸中，《俄罗斯之晨》和《言论报》的报道量与上述 6 种报纸的报道量间联系最紧密，这两家报纸所对应的低于临界值的等级对比系数说明它们的报道量之间以及它们与《日报》、《圣彼得堡新闻》及《证券交易新闻》的报道量间联系都不那么紧密。如果说《俄罗斯之晨》、《言论报》和《日报》报道量与《圣彼得堡新闻》报道量间的等级对比系数值相对较低是因为它们不是报道俄国大型资本主义工业公司联合行为的主要报纸，那么这 4 家报纸报道量与《证券交易新闻》报道量间的等级对比系数值更

低是为什么呢？

衡量《证券交易新闻》和《俄罗斯之晨》报道量间关联程度的等级对比系数值最低，我们认为这是因为前者是圣彼得堡的报纸，后者是莫斯科的报纸，而且后者总是借用其他莫斯科报纸中的信息。很难解释，为什么衡量《圣彼得堡新闻》、《日报》和《言论报》报道量与《证券交易新闻》报道量间关联程度的等级对比系数值相对较低。我们认为，这可能是因为《证券交易新闻》经常先于其他报纸报道大型资本主义企业的联合行为，所以在我们分析《证券交易新闻》和其他报纸的报道量时会得出一系列低值对比系数。

我们在表 6 中还可看到：《日报》报道量与《商人报》、《商业电报》和《戏剧评论》道量间的对比系数值低于临界值，《圣彼得堡新闻》报道量与《财经报》和《戏剧评论》道量间的对比系数值也低于临界值。目前我们没有足够的资料来论证为什么这些系数会低于临界值，因此在这里仅点到为止。

＊　＊　＊
＊　＊

历史学家在研究俄国垄断组织时没有足够的企业公文作为史料支撑。一战期间，俄国报纸中有大量报道论及俄国大型资本主义工业公司的联合行为，所以我们可以将这些报纸作为研究俄国垄断组织的补充史料。

我们在本书中主要研究了 12 种对大型资本主义企业的联合行为进行连续报道的报纸，各报不仅刊登了工业公司公布的信息，还刊登了个人渠道获取的信息。我们在研究时既没有忽视任何报纸也没有忽视任何报道，既研究了报道的内容和结构，还对其进行了定

性分析和定量分析。在此基础上我们得出：在这 12 种报纸中，有些由同一人负责出版（如《商业电报》和《证券交易通讯》的出版人曾均为 A. Я. 古特曼，《财经报》和《戏剧评论》的出版人曾均为 И. O. 阿贝尔索恩），有些具有一致的区域利益（如《商人报》、《商业电报》和《俄罗斯之晨》均为莫斯科的报纸），有些依赖于银行团体（如《言论报》、《戏剧评论》、《财经报》和《俄罗斯意志》都与圣彼得堡各大银行联系密切），这几类报纸还存在部分报道内容相互重复的现象。与俄国大型资本主义工业公司的联合行为相关的报道主要被刊登在《商人报》、《商业电报》、《证券交易新闻》、《财经报》、《工商业报》及《戏剧评论》这 6 家报纸中，此外，《俄罗斯之晨》和《言论报》也刊登了不少此类报道。这些报道中有的讨论各大企业的联合行为有哪些总体发展趋势，有的叙述具体的企业联合行为。利用这些报道便能刻画出俄国工业垄断进程的整体情形。我们还发现，若某些报纸的报道内容间联系紧密，说明这些报纸反映的事实属同一主题。

第二编　垄断组织

第三章
大型资本主义企业的联合行为与垄断组织的形成（对报纸与公文资料进行比较研究）

前文已指出，银行和股份制工商业公司的公文资料是研究俄国垄断组织的核心史料，这些资料被保存于苏联国家档案馆。据 Л. Е. 舍佩廖夫统计，1917 年 11 月之前俄国实际上有 51 家股份制商业银行、2850 家工商业公司（包括以股份制销售公司为招牌的辛迪加）在运行，其中有 426 家工商业公司被纳入大型股份制商业银行的金融资本主义体系。[1]

通过专门研究，我们弄清了银行和股份制工商业公司的公文资料目前在苏联国家档案中所处的位置，并确定了每一套资料的容量。笔者发现，由 1032 家俄国股份制工商业公司的公文档案所组成的 1375 套容量不一的档案被分存在 92 家档案馆中。通常，我们认为公司的公文档案中要有 1000 份以上的文件时，研究者才能在其中找到保留至今的、与公司生产基金的形成相关的完整资料。这

---

[1] Шепелев Л. Е. Акционерные компании в России. Л. , 1973. C. 336.

样的工商业公司档案共 129 套。① Г. Р. 瑙莫娃研究了销售型垄断组织的档案存储状况，她指出：这方面的档案资料"几乎都未被保存下来"②。В. И. 巴维京多年以来都在研究俄国的金融资本问题，他总结道：俄国股份制商业银行的文件资料并未得到完整保存。③ 就算在存储量最大的档案中也未保存很久之前的全套公文资料。

根据法律，有些国家机构有责任对私有工业实行监督和管控，大型资本主义企业的出现和发展在这些机构的公文资料中会有所反映。历史编纂学中早就肯定了这些文件资料对俄国垄断资本史研究的重要性。④ 一些有关这类文件资料的史料学专著已出版。⑤

但至今还未有人探究十月革命前的俄国报纸在当前俄国垄断组织研究中所起的史料作用。从图书馆中所选的成套报纸不同于垄断组织的公文资料，笔者发现这些报纸较为完整，各报中有关大型资本主义企业的报道是连续性的。

---

① Голиков А. Г. К вопросу о составе, содержании и сохранности документов акционерных компаний//Источниковедение отечественной истории. Сборник статей. 1979. М., 1980. С 150—156.

② Наумова Г. Р. Российские монополии (источниковедческие проблемы). М., 1984. С. 33—34.

③ Массовые источники по социально-экономической истории России периода капитализма. С. 150—151.

④ Тарновский К. Н. Советская историография российского империализма. С. 110.

⑤ 参见 Наумова Г. Р. Источники по истории сбытовых монополий в России (по материалам министерства торговли и промышленности) // Вестн. Моск. ун-та. Серия История. 1974. № 3; Воронкова С. В. Материалы Особого совещания по обороне государства. Источниковедческое исследование. М., 1975; Массовые источники по социально-экономической истории России периода капитализма. С. 95—98.

　　我们认为，这类报道对俄国工业垄断化进程的研究至少有两点益处：其一，许多报纸刊登了股份制公司领导人宣布的信息，这能在一定程度上补充公司公文资料的缺失；其二，报纸编辑会通过个人渠道获取信息，这样便能将企业公文资料中未反映出来的不同方案刊登在报纸中。

　　因为各报纸对大型资本主义企业的具体联合行为做了不同程度的反映，各企业对公文资料的保存程度也不同，所以不能将所有报纸和公文资料都用于研究十月革命前的俄国垄断组织史。我们会研究某些保存良好的公文资料以及连续反映大型资本主义企业活动的报纸，并利用所得结论评估俄国报纸对研究垄断组织有何意义。

　　为此笔者以科洛姆纳机器制造股份公司和萨尔莫瓦股份公司这两家大型资本主义企业的联合为例，对所选报纸中的相关报道和两家公司保存的公文资料进行了比较。选择该事例是出于以下两个原因。其一，在一战期间，科洛姆纳和萨尔莫瓦这两家公司在生产方面进行了一系列联合，并组成了包括金属加工厂、冶金工厂及附属加工厂的联合公司。它们每次的联合行为都在报纸中有所反映，因此利用所选 12 家报纸中的所有相关报道能够全面仔细地研究该联合公司是如何形成的。其二，科洛姆纳和萨尔莫瓦这两家公司的很多文件资料都被保存下来，这些资料是当前保存最完整的俄国工商企业公文资料。所以，我们在做比较研究时采用报纸中有关科洛姆纳－萨尔莫瓦联合公司的报道和这两家企业的公文资料是最适合的。

　　科洛姆纳机器制造公司和萨尔莫瓦公司长期受到圣彼得堡国际商业银行和圣彼得堡贴现－贷款银行的资助，一战前的工业高涨时期，这两家公司形成了联合企业。尽管科洛姆纳机器制造公司和萨

尔莫瓦公司在法律上都是独立的股份制公司，但实际上可将它们看作同一家企业，因为它们有相同的管理机构。①

科洛姆纳机器制造公司和萨尔莫瓦公司与俄国多数大型金属制造企业相似，它们都是涉足多领域的联合企业。科洛姆纳机器制造公司既生产蒸汽机车、车厢、河运船舶、柴油发动机、农业机械，也建造桥梁和铁路。加工铁矿原石的库列巴基冶金工厂也归科洛姆纳机器制造公司所有，该工厂邻近维克萨采矿公司。所以就算维克萨采矿公司一直以来很少向科洛姆纳机器制造公司提供金属，它们之间也早就存在着生产联系。

1911 年，科洛姆纳机器制造公司与巴黎的安德烈雪铁龙公司共同在莫斯科创建了齿轮制造股份公司。② 这一行为给科洛姆纳机器制造公司带来了双重利益：其一，向新建公司销售自身产品（即生产齿轮所需要的半成品）；其二，购买新建公司的齿轮时享受八折优惠。

与此同时，科洛姆纳机器制造公司和俄国其他 5 家大型机器制造工厂及冶金工厂借助于圣彼得堡国际商业银行的资金支持，共同创建了俄国船舶制造公司，科洛姆纳机器制造公司取得了向新公司提供柴油发动机、全部异形铸件及高强度钢材的权利。

科洛姆纳机器制造公司还通过它所掌控的劳动者贸易公司销售农业机械。一战前夕，该公司又建立了由劳动者贸易公司控股的生

---

① Голиков А. Г. Образование монополистического объединения "Коломна-Сормово" /Вестн. Моск. ун-та. Серия История. 1971. № 5, С. 74—87.

② 即雪铁龙齿轮制造股份公司，主要领导人为法国人安德烈·雪铁龙与俄国人 А. П. 梅谢尔斯基。该公司为俄法合资公司，总部位于圣彼得堡，从事机械制造业。——译者注

产基地，为的是增加农业机械的生产种类（新增了脱粒机、簸谷器、泥炭压力机、锅驼机等）。1910 年在梁赞建立的农业机械生产公司将董事会设于巴黎，该公司为匿名公司，它在梁赞和叶卡捷琳诺斯拉夫省的亚历山德罗夫斯克市都设有工厂，劳动者贸易公司是该匿名公司股票控制额的持有者兼董事会的俄国代表，而劳动者贸易公司的实际所有人是科洛姆纳机器制造公司。由此可推断该匿名公司也是科洛姆纳机械制造公司的生产基地。

萨尔莫瓦公司是制铁、铸钢及机械制造公司，其产品种类广泛，它既生产河运船舶、蒸汽机车、车厢、制炮锻件、装甲钢板、炮弹及军事辎重队用具，也建造桥梁。

圣彼得堡国际商业银行为上述几家企业都提供了资金，但真正促使这些企业实现私有联合的是采矿工程师 A. П. 梅谢尔斯基，他直接领导着科洛姆纳 – 萨尔莫瓦联合公司。1896 ~ 1905 年期间，A. П. 梅谢尔斯基是萨尔莫瓦公司的技术指导。1905 年秋季，他又当选为科洛姆纳机器制造公司的常务董事兼董事长，1912 年起，他又在萨尔莫瓦公司担任类似职务。此外，他还兼任雪铁龙齿轮制造公司的常务董事，劳动者贸易公司的常务董事，俄国船舶制造公司及其他一些工业公司（由圣彼得堡国际商业银行监管）的董事会成员，圣彼得堡国际商业银行委员会成员，金属加工业代表大会副主席。可见，A. П. 梅谢尔斯基是十月革命前俄国工业界一位极重要的组织者。

A. П. 梅谢尔斯基在政治上具有鲜明的阶级性。1902 年五一劳动节，俄国爆发了著名的萨尔莫瓦工人游行示威，A. M. 高尔基在其小说《母亲》中曾写到这次游行。该年秋季作为萨尔莫瓦工厂经理的 A. П. 梅谢尔斯基在法庭上指控了此次游行的参加者。1917

年春季，А. П. 梅谢尔斯基以大工厂主的名义拥护建立资产阶级 – 地主临时政府。该年 8 月金属加工业代表大会委员会又派他出席了国家反革命会议。十月社会主义革命胜利后，А. П. 梅谢尔斯基试图让手中的企业避免国有化，他和苏俄政府就"在科洛姆纳 – 萨尔莫瓦联合公司基础上建立包括机器制造厂、冶金工厂及附属加工厂的国家资本主义托拉斯"进行了谈话。20 年代初他移居巴黎，成为苏俄政权的积极反对者，同时他还加入了工商业委员会（该组织是反革命性质的大工厂主、大金融资本家、大商人联盟）。А. А. 伊格纳季耶夫回忆道：А. П. 梅谢尔斯基以前是普斯科夫的立宪民主党人，此时虽已白发却依旧保持着军人仪表。在巴黎，一位俄罗斯女士曾吃惊地向他提问道："阿列克谢·巴甫洛维奇先生，您能谈谈您是怎么在一年之内赚到 60 万卢布的吗？"他答道："作为科洛姆纳公司董事长，我赚 12 万卢布；作为萨尔莫瓦公司董事会成员，我赚 8 万卢布……"她又问"其他的呢？"这位魁梧结实的男人咬牙笑着，似乎要咬断任何一个挡路者的脖子，他声明道："其他的也都是做企业领导人赚的。"[1] 科洛姆纳和萨尔莫瓦两家公司的董事会档案证明，А. П. 梅谢尔斯基并未过分夸大其薪资收入。

科洛姆纳 – 萨尔莫瓦联合公司的另一位领导人是圣彼得堡国际商业银行的董事长 А. И. 维什涅格拉茨基，他亦是这两家公司的常务董事，维特曾评价他是"银行界最出色的金融家之一"[2]。他是 И. А. 维什涅格拉茨基的儿子，老维什涅格拉茨基是力学教授、圣

①　Игнатьев А. А. Пятьдесят лет в строю. М. , 1950. Т. 2. С. 365.

②　Витте С. Ю. Воспоминания. М. , 1960. Т. 1. С. 143.

彼得堡工艺学院院长，于 1887～1892 年任财政大臣。А. А. 波洛夫佐夫是 И. А. 维什涅格拉茨基财政大臣任内的国务秘书，前者在 1895 年偶然听闻后者的死讯，当时他在日记中写道："这位穷神甫的儿子为了极微薄的薪水而教授数学，并由此开始了职业生涯。他留下了数百万财产，这些钱都是以各种骗人勾当获取的：起初通过承包火炮部门，后来通过管理西南铁路，最后通过其财政大臣任内管理的各种兑换业务和货币证券交易业务。"① И. А. 维什涅格拉茨基在生前就被人称为骗子，以下一系列证据可证实这点。例如，著名新闻工作者、出版人 А. С. 苏沃林②证实道，И. А. 维什涅格拉茨基仅通过证券交易途径就获得了 1000 万卢布，因为他预先便知道"何种证券会升值，何种将贬值"③。1891 年是国务活动家 И. А. 维什涅格拉茨基风头最盛的时候，В. Н. 拉姆兹多夫（外务大臣 Н. К. 吉尔斯最亲近的助手）当时在其日记中写道："据说，在 И. А. 维什涅格拉茨基被任命为财政大臣时，波别多诺斯采夫受命听取了他的忠诚宣言。现在又流传着一种新说法：И. А. 维什涅格拉茨基认为自己以现有位置应该得到贵族勋章，并且提请参政院为自己制作这种勋章。也许是因为该申请，他得到了一枚附有铩羽

---

① Из дневника Половцова А. А.，1895—1900 гг. //Красный архив. 1931. Т. 3（46）. С. 110.

② А. С. 苏沃林（1834～1912），俄国著名报纸出版人、新闻记者、作家、戏剧评论家，1876 年起出任《新时代》报的主编，1882 年创建出版社，他投资的报纸有《农耕报》、《莫斯科电讯报》、《二十世纪报》及《俄罗斯土地报》等，他投资的杂志有《俄国评论》、《历史学报》、《骑马运动》及《海湾》等，1911 年成立了集报刊、印刷、图书出版于一身的《新时代》股份公司，该企业股东中不乏斯托雷平这样的名人。А. С. 苏沃林因其在报刊出版界的卓越成就，被称为"俄国报业大王"。——译者注

③ Дневник Суворина А. С.，М.；Пг.，1923. С. 27. 另参见 Ламздорф В. Н. Дневник 1891—1892. М.；Л.，1934. С. 278。

鹰雕的勋章，上面所刻铭文有两种译法："他再也不会翱翔'或者'他再也无法前行'。"① 1896 年，И. А. 维什涅格拉茨基早已作古，圣彼得堡流行沙龙的主人 А. В. 波格丹诺维奇说道："据传言其子 А. И. 维什涅格拉茨基要求英国银行向他支付其父存储在该行的 2500 万卢布。该银行要求俄国政府出面证明这些财产属于 А. И. 维什涅格拉茨基。沙皇从维特的报告中得知此事后批评老维什涅格拉茨基是'大骗子'，并命令查询他在其他银行里是否也存有这类财产。"②

A. И. 维什涅格拉茨基大学毕业后于 1893 年进入以维特为首的财政部工作。他在 30 岁时已成为信贷专门办公厅副主任。1906 年他转任圣彼得堡国际商业银行董事长。

银行在工业公司中起决定性作用的标志是银行领导人直接参与这些企业的事务。1916 年夏季，《商业电报》向读者报道："自从银行开始收购工商业公司或者为这些公司提供资金支持以来，银行委员会及董事会的很多成员都进入了这些公司的董事会。例如，圣彼得堡国际商业银行资助的几十家企业都将 A. И. 维什涅格拉茨基列为董事会成员。很难想象一个人怎能领导并管理几十家成熟企业。A. И. 维什涅格拉茨基仅作为科洛姆纳和萨尔莫瓦公司的董事会成员就能获取 50 万卢布的薪酬和红利。可想而知，与圣彼得堡国际商业银行联系密切的其他企业也会给他许多酬金和红利。"③ 一家消息灵通的报纸曾称，A. И. 维什涅格拉茨基担任科洛姆纳和

---

① Ламздорф В. Н. Дневник 1891—1892. С. 84—85.

② Три последних самодержца. Дневник А. В. Богданович. М.；Л.，1924. С. 202.

③ Коммерческий телеграф . 1916. 22 авг. С. 1.

萨尔莫瓦公司的常务董事时所得薪金是 А. П. 梅谢尔斯基所得薪金的 2.5 倍。

我们发现，科洛姆纳机器制造公司和萨尔莫瓦公司的董事会档案被保存得很好。这两套档案现存于莫斯科国家中央历史档案馆，总量约为 6000 个存储单元。[1]　此外，莫斯科国家中央历史档案馆中还保存着帕什科夫制铁公司和塔什制铁公司的少数董事会档案（前一家公司的档案全宗号为 291，共有 262 个存储单元；后一家公司的档案全宗号为 350，共有 103 个存储单元），别洛列茨克联合公司便由这两家公司组成。尽管当前有很多科洛姆纳和萨尔莫瓦公司的董事会档案，但其中存储的都是某个时段的部分文件。这些档案中根本没有完整的全体股东大会文件。比如，科洛姆纳机器制造公司的董事会档案中完全没有一战期间的股东会议记录，萨尔莫瓦公司的董事会档案中只有部分一战期间的股东会议记录。我们注意到，许多这一时期的董事会报告并不是都存储于公司档案。例如，圣彼得堡的苏联中央国家历史档案馆的工商部档案中就有一份科洛姆纳机器制造公司董事会于 1917 年 9 月 1 日提交给股东特别

---

[1]　ЦГИА, г. Москвы, ф. 318（科洛姆纳公司的董事会档案，共 3642 个存储单元）；ф. 323（萨尔莫瓦公司的董事会档案，共 2242 个存储单元）。此外，圣彼得堡的苏联中央国家历史档案馆中也存有这两家公司的董事会档案，详见 ЛГИА, ф. 1445（科洛姆纳公司的董事会档案）；ф. 1446（萨尔莫瓦公司的董事会档案）。还有一份萨尔莫瓦公司的董事会档案存储于下诺夫哥罗德州的国家档案馆中，详见 ГАГО, ф. 2014。1917 年该联合公司董事会迁至莫斯科后建立了圣彼得堡办事处，对圣彼得堡和下诺夫哥罗德两地所存的董事会档案进行分析后可以推断，圣彼得堡办事处的相关资料存储于圣彼得堡的董事会档案中，下诺夫哥罗德的董事会档案则主要包括董事会给工厂管理部门的文件和工厂管理部门与董事会的往来函。从总量和所存文件的重要性来看，这两地的档案都不具代表性，故笔者采用了莫斯科国家中央历史档案馆中所存的档案。

会议的报告。①　可惜的是，圣彼得堡国际商业银行在 1910~1917
年的资料几乎全部遗失。笔者在研究一战期间的科洛姆纳－萨尔莫
瓦联合公司史时主要使用了一些代表性史料。

　　第一次世界大战推进了俄国工业垄断化的进程。金属加工企业
在急剧变化的经济形势下需要进行产品创新，为了购置新的设备，
它们必须从银行贷款。因此，金属加工企业和银行便自然加强了联
系。一战前，俄国某些地区之间形成的经济联系出现中断，商业运
输量日益缩减，这就迫切需要建立联合企业。科洛姆纳－萨尔莫瓦
联合公司的历史便反映了一战期间俄国工业领域的联合进程。

　　一战前，科洛姆纳和萨尔莫瓦公司主要生产铁路的轨道设施。
随着战争开始，海军部和陆军部成为其产品的主要订货人。战争前
半期，科洛姆纳公司从这两个部门接受的订单约占该期总订单量的
70%，1916 年该公司的炮弹制造部门投入生产，该部门的生产额
达到了蒸汽机车制造及车厢制造这两个部门的销售总额。1916 年，
萨尔莫瓦公司炮弹制造部门和锻造部门（生产炮弹锻件和大炮锻件）
的生产额是车厢制造和蒸汽机车制造这两个部门生产总额的 2.5 倍，
同时也占该公司生产总额的 65%。除了海军部和陆军部的火炮部门
所下的订单外，上述两家公司的工厂还制造军用野战铁路的轨道设
备、船舶的钢铸件、载机枪的双轮马车、行军灶、军事辎重队的轮
毂、自动式铁蒺藜制造机、开水炉以及许多其他军需用品。②

----

①　该报告的部分内容被载于 Сборник документов для практических занятий
по источниковедению истории СССР. М., 1980. Вып. 2. Период капитализма.
С. 158—159，раздел 2. Докл. 48。

②　Голиков А. Г. Война и российские монополии（Коломенско - Сормовский
трест）//Вопросы истории. 1981. № 6. С. 103—114.

　　企业研发新产品（尤其是新机器）时需要建立相应的生产基础。科洛姆纳公司董事会于 1915 年春季接了生产导火管及榴弹的订单后便就近向艾米利·利普哈特股份公司①购买巴奇曼诺夫斯克工厂，为的是在其基础上装备炮弹制造车间。与此同时，萨尔莫瓦公司也扩大了其炮弹制造部门。

　　下面我们开始对报纸中有关科洛姆纳及萨尔莫瓦两家公司兼并其他大型资本主义企业的具体报道和这些公司的公文资料中有关此类联合行为的具体信息进行比较分析。

　　1915 年 4 月初，莫斯科的《商人报》谈道："现在，科洛姆纳公司能接到许多大订单。为了继续扩大企业，科洛姆纳机械制造公司董事会决定装备新车间，并计划在莫斯科省科洛姆纳县购买 59 俄亩带有建筑物及设施的土地以扩展公司规模。这些土地将用董事会支配的自由周转资金购买，圣彼得堡国际商业银行也会为购地提供资金支持。"② 几天之后，《商人报》又在题为《科洛姆纳公司》的报道中补充道："我们得知，该公司董事为了扩大企业规模将购置地产，艾米利·利普哈特股份公司的机械厂和机器制造厂都位于这块地产附近。"③ 1915 年 4 月 6 日，该公司召开了监察委员会会议，会上讨论了董事会在全体股东大会上提出的有关"购买奥卡河左岸 59 俄亩地产的决议（这块地上有厂房设施、居住设施及装

---

①　艾米利·利普哈特股份公司（俄文名称：Товарищество "Эмиль Липгарт и К°"），成立于 1876 年，创始人为 Э. А. 利普哈特，主要生产农业机器、耕具、水泥、建筑石膏。该公司注重管理的创新及工人权利的保障，其工人未参与 1905 年革命。1918 年该公司遵从苏俄政府的命令，实行了国有化。——译者注

②　Коммерсант . 1915. 2 апр. C. 3.

③　Коммерсант . 1915. 11 апр. C. 2.

备完毕的全套机械制造设施）"①。5 月 5 日，科洛姆纳公司的股东们核准了购买计划。② 随后艾米利·利普哈特股份公司的股东们也通过了购买合同。③ 科洛姆纳公司董事会提交给股东特别会议的报告以及决策该问题时的会议记录都没有被保存在公司档案中。但该公司与艾米利·利普哈特股份公司董事会就购买巴奇曼诺夫斯克工厂而进行的书信往来以及 4 月 6 日的监察委员会会议记录都被保存于公司档案。将有关上述购地交易的文件和报道进行对比后可知，报纸中的相关报道既及时又全面可靠。

第一次世界大战时期，在农机农具制造厂中装备生产军需用品的机器远非易事。杜尔诺沃少将是莫斯科地区工厂大会委员会的主席，1915 年 11 月末，该委员会视察了科洛姆纳工厂后指出：军事部门曾在巴奇曼诺夫斯克工厂预订了 265 台榴弹生产机器（国内用 195 台，国外用 70 台），到此时只收到 103 台。因此科洛姆纳公司董事会决定在公司的工厂中加紧制造榴弹机器。④

在反德企业与德国势力的斗争进入高潮时，科洛姆纳股份公司延迟交付军事部门新订单中的产品。这便让人们有理由指责该公司董事会具有蓄意的反爱国主义行为。B. C. 加金在其专著中指出：该公司在一战前就被某些经济类著作和报刊论及，

---

① ЦГИА г. Москвы，ф. 318，оп. 1，д. 2017；д. 145，л. 11.

② Торгово-промышленная газета. 1915. 6 мая. С. 4；День. 6 мая. С. 6；Речь. 6 мая. С. 5；Петроградские ведомости. 8 мая. С. 8；Обозрение театров. 10—11 мая. С. 17.

③ Утро России. 1915. 9 мая. С. 5；Коммерсант. 1915. 12 мая. С. 3；Коммерческий телеграф. 1915. 12 мая. С. 3.

④ ЦГВИА，ф. 369，оп. 16，д. 59，л. 8 об. 10.

战争开始后它成为官方企业，在外省和莫斯科都具有极大影响力。①

1915 年 6 月 25 日，《商业电报》报道：早前在莫斯科召开了证券交易委员会会议，目的是解决工业垄断化问题，当选会议主席的 C. H. 马蒙托夫在会上"做了非常有趣的声明"——科洛姆纳机械制造公司的大部分股票属于德意志银行和德国人 A. И. 莱辛先生。该报道在结尾时说道：会议上顺便提及一家大型机械制造厂被转手的事实，该制造厂在最火热的时期不知因何原因停工②，会上所指的便是科洛姆纳公司不久前购买的巴奇曼诺夫斯克工厂。

科洛姆纳公司董事会认为 C. H. 马蒙托夫所言是对公司的诽谤，并对其提出诉讼。1915 年 10 月 10 日，《商业电报》报道：C. H. 马蒙托夫在 10 月 9 日的第一次庭审中拒不认错，并声明自己的言辞中并未提及科洛姆纳公司，由于误解，报纸中才会出现这些消息。为了证明这一点，他援引了证券交易委员会的会议记录。为了说明自己不受德国力量左右，科洛姆纳公司也提出了凭据。该报道在结尾中指出：由于 C. H. 马蒙托夫要求详细了解这些凭据的

---

① Дякин В. С. Первая мировая война и мероприятия по ликвидации так называемого немецкого засилья//Первая мировая война. 1914—1918 гг. М., 1968. С. 227—238.

② Коммерческий телеграф. 1915. 25 июня. С. 3. Мысли вслух. 德国银行指的就是向企业提供资金支持的圣彼得堡国际商业银行。A. И. 莱辛本为德国人，他是科洛姆纳公司（创始于 1871 年）创始人之一，1913 年任该公司董事会主席。快去世前（1915 年去世）他一直生活在德国，不再参与公司事务。1911 年 8 月圣彼得堡证券交易所将属于他的大宗基本股票出售，到 1912 年他还持有 628 股。详见 ЦГИА г. Москвы，ф. 318，оп. 1，д. 14，л. 1. Список акционеров, представивших акции к собранию 24 мая 1912 г.

内容，调解法官决定推迟开庭。① 此后该案件被多次审理，被告方的证人也"被传唤到庭，但他们没有对 C. H. 马蒙托夫援引的话做出证实"②。《商业电报》的上述报道以及 C. H. 马蒙托夫在莫斯科证券交易大会上的讲话都反映了莫斯科人的爱国主义情怀。

很快各家报纸又讨论了科洛姆纳－萨尔莫瓦联合公司的领导人是否会因其反爱国主义行为而被免职。《商业电报》在 12 月 15 日刊登了如下简讯："我们从高度可靠的资料中得知，掌管着科洛姆纳公司、萨尔莫瓦公司及维克萨公司的 A. П. 梅谢尔斯基先生被解雇了。他离职是因为各家公司发现董事会内部存在严重纠葛，并认为这主要是梅谢尔斯基的过错所致。我们会继续报道该事件的相关信息。"③ 圣彼得堡的《财经报》与为科洛姆纳和萨尔莫瓦两家股份公司提供资助的银行关系密切，该报于 12 月 17 日首先对《商业电报》中的报道进行了补充："圣彼得堡的股份制工业领域中流传着许多有关科洛姆纳机器制造公司免除 A. П. 梅谢尔斯基董事长一职的传言，他已担任此职 10 多年。免除梅谢尔斯基的命令虽是陆军大臣 A. A. 波利瓦诺夫在国防特别会议上下达的，但该命令并不是由他批准的。"④ 次日早晨，《商业电报》报道："科洛姆纳股份

---

① Коммерческий телеграф. 1915. 10 окт. № 752. С. 3. Дело С. Н. Мамонтова и общества Сормовских заводов.《商业电报》将科洛姆纳公司和萨尔莫瓦公司混淆，这显然是因为当时的人认为这两家公司之间具有一致利益已不是什么秘密，所以该报才会疏忽这一错误，并在当日的报道中确切说道："萨尔莫瓦公司归德国的莱比锡管辖。"报道中还提到，该公司归 A. И. 莱辛掌管，但 A. И. 莱辛不是萨尔莫瓦公司的股东，该报在与该公司相关的另一篇简讯中又提到了科洛姆纳公司。

② Коммерческий телеграф. 1915. 27 ноября. С. 3. Дело С. Н. Мамонтова с обществом Коломенского завода.

③ Коммерческий телеграф. 1915. 15 дек. С. 2.

④ Финансовая газета. 1915. 17 дек. С. 3.

公司的董事长 А. П. 梅谢尔斯基将被免除职务……12 月 18 日举行的国防特别会议上将讨论并最终决定是否免除 А. П. 梅谢尔斯基，陆军大臣 А. А. 波利瓦诺夫将任该会议主席。"① 《财经报》于 12 月 19 日向读者报道："12 月 18 日晚上举行了国防特别会议协商会，会上决定由 А. П. 梅谢尔斯基继续担任董事长。"② А. А. 波利瓦诺夫主席在会上还下令建立专门委员会来调查科洛姆纳和萨尔莫瓦这两家股份公司。《商业电报》并未刊登与专门委员会相关的消息，而且莫斯科的报纸整体上都对此主题不感兴趣。相反，圣彼得堡的《财经报》详细描述了专门委员会的工作进程③，并于 1916 年 1 月 29 日在《最新消息》专栏中做了总结性报道：不久前专门委员会的成员们返回了圣彼得堡，他们"一致认为 А. П. 梅谢尔斯基将公司事务安排得非常合理，并评价他是一位积极而有能力的人物，不仅能全身心投入工作，还能使公司的生产力最大化"④。

科洛姆纳公司与一些国家机构就股东国籍问题和完成军事部门订货的情况进行了书信往来，这些信件被保存于该公司的董事会档案中。⑤ А. П. 梅谢尔斯基就公司现有状况的形成原因向国防特别会议的调查委员会提交了解释性文书，该文件也被保存在该公司的董事会档案中，它是研究 А. П. 梅谢尔斯基是否被免职的依据之一。⑥ 在

---

① Коммерческий телеграф. 1915. 18 дек. С. 6.
② Финансовая газета. 1915. 19 дек. С. 2.
③ Финансовая газета. 1915. № 122, 128, 135.
④ Финансовая газета. 1916. 29 янв. С. 3.
⑤ ЦГИА г Москвы, ф. 318, оп. 1, д. 1612, 1869, 1870.
⑥ ЦГИА г Москвы, ф. 318, оп. 1, д. 2112, л. 464—479. 该呈文的原本参见 ЦГВИА, ф. 369, оп. 4, д. 4, л. 79—95.

工商部及国防特别会议的档案中（分别为 ЦГВИА. ф. 369 及 ЦГИА СССР. Ф. 23）还保存着与该问题（梅谢尔斯基是否继续任职）相关的资料。[1] 利用科洛姆纳公司的董事会档案以及上述某些国家机构的一系列公文资料，能够评估《商业电报》和《财经报》中刊登的信息是否准确。

面对战事失利，沙皇政府被迫从资产阶级社会思想中寻求帮助，所以它下令成立了专门委员会来调查科洛姆纳公司的行为。科洛姆纳公司的档案中虽没有与这次调查相关的文件，但国防特别会议档案中的一些信件、电报、报告以及 1915 年夏季的某些其他文件都谈论到如下内容：科洛姆纳机械制造公司的大多数股票集中在德国人 А. И. 莱辛手中；该公司的圣彼得堡理事会和工厂管理部门具有反爱国主义行为；А. П. 梅谢尔斯基的言行令人无法信赖；科洛姆纳公司的生产体制糟糕；等等。专门调查委员会认为此公司根本不能完全摆脱"德国的影响"[2]，因为其业务活动从最开始就被德国人暗中监管。[3] 随后国防特别会议主席 А. А. 波利瓦诺夫批准了专门调查委员会有关免去 А. П. 梅谢尔斯基董事长之职以及马努依洛夫工厂经理之职的决议。[4] 但由于科洛姆纳公司在接受调查前就已完成了军需订单，而且圣彼得堡国际商业银行的主管经理

---

[1] ЦГВИА, ф. 369, оп. 1, д. 98, 113; оп. 4, д. 2, 4, 98; оп. 16, д. 12, 59; ЦГИА СССР, ф. 23, оп. 28, д. 974.

[2] ЦГИА СССР, ф. 23, оп. 28, д. 974, л. 8. об. Копия секретного отношения министра торговли и промышленности В. Н. Шаховского председателю Особого совещания по обороне государства А. А. Поливанову.

[3] ЦГИА СССР, ф. 23, оп. 28, д. 974, л. 22. Отношение А. А. Поливанова В. Н. Шаховскому.

[4] ЦГВИА, ф. 369, оп. 4, д. 74, л. 10. Выписка из резолюции председателя Особого совещания.

А. И. 维什涅格拉茨基及 А. П. 梅谢尔斯基均对该公司状况做了解释，所以国防特别会议决定推迟执行该决议。① 调查彻底结束后，国防特别委员会总结道：不用考究为什么科洛姆纳公司不愿为国防效劳了，这既不是因为其工作机制中缺乏爱国主义也不是因为其受到德国的影响，而是因为一些深刻复杂的原因，其中主要是由于莫斯科的机械制造工业难以适应军需。② 根据该结论，А. А. 波利瓦诺夫取消了早前关于撤除梅谢尔斯基及马努依洛夫职务的决定。③

各报编辑们很快便知晓了国家最高核心机构就科洛姆纳公司事务所做的上述决议，并了解到个中缘由。之后，他们没有以虚假报道来表达自身观点，要么宣传事实，要么缄口不提。

《财经报》谈道：国防特别委员会认为，А. П. 梅谢尔斯基充满精力，活动能力极强，并能够全身心投入工作，那些保存在科洛姆纳股份公司的档案文件便能证明这一点。在专门调查委员会还未展开工作前，А. П. 梅谢尔斯基于 1916 年 1 月 16 日给科洛姆纳公司的工厂经理发去了自己的署名信，信中陈述了董事会制定的导火管及榴弹生产计划，并提醒道，若延迟交货则工厂将会受到强烈的责难。董事会任命了工厂行政代表，让他们直接负责完成订单，

---

① ЦГВИА, ф. 369, оп. 16, д. 59, л. 5 об. Отношение председателя Наблюдательной комиссии председателю Особого совещания. ЦГВИА, ф. 369, оп. 4, д. 74, л. 23. Выписка из резолютивной части журнала Особого совещания.

② ЦГВИА, ф. 369, оп. 4, д. 74, л. 28 об. Копия журнала Заводского совещания Московского района с участием членов Наблюдательной комиссии Особого совещания по обороне Государства от 20 января 1916 г.

③ ЦГВИА, ф. 369, оп. 4, д. 74, л. 61. Выписка из резолютивной части журнала Особого совещания от 3 февр. 1916 г.

"若当年 2 月 15～20 日，炮弹制造部门每日生产并送检的导火管不少于 2000 套，那么工厂行政代表不仅能拿到规定奖金，还能得到 1 万卢布的特别奖励。若 2 月 15～20 日俄式榴弹的最大日产量能突破 1500 个（此数目需经检验员核实），那么董事会将在规定奖金的基础上再向组织榴弹生产的工厂行政代表发放 1 万卢布的特别奖励，若当年 4 月 20～25 日，榴弹的日产量达到 3500 个，董事会将再奖励他们 1 万卢布"①。

科洛姆纳－萨尔莫瓦联合公司是一个实力雄厚的经济组织，其生产额几乎占莫斯科地区金属加工业领域生产总额的一半②，该联合公司充分利用了企业间的劳动分工和生产合作。例如，科洛姆纳公司负责导火管的初期制造，莫斯科的雪铁龙齿轮公司负责最后的组配和包装工作。这两家企业合作完成订单，科洛姆纳公司的导火管制造部门会在每月的 13～23 日进行工作汇总，为的是确保雪铁龙齿轮公司能在每月的最后 7 天内收到它所生产的导火管，并在下月 1 日之前将组配包装好的成品交付给订货部门。③ 科洛姆纳公司还打算生产 300 台六角车床，并计划将其中一部分供应给雪铁龙齿轮公司，如此一来，雪铁龙公司位于莫斯科的工厂便能生产少部分导火管。科洛姆纳和萨尔莫瓦公司所需的齿轮是由雪铁龙公司提供的，例如，科洛姆纳公司生产铁蒺藜制造机时所用的齿轮就是由其

① ЦГИА г. Москвы, ф. 318, оп. 1, д. 2112, л. 413 об. Копия письма.
② ЦГВИА, ф. 369, оп. 4, д. 74, л. 28 об. Копия журнала заседания заводского совещания Московского района от 20 января 1916 г.
③ ЦГИА г. Москвы, ф. 318, оп. 1, д. 2112, л. 413. Копия с письма правления директору Коломенского завода от 16 янв. 1916 г.

提供。科洛姆纳公司还与劳动者贸易公司联合生产军事辎重队的轮毂。①

　　为了完成军事部门预订的 60 万件俄式 6 英寸榴弹，科洛姆纳机器制造公司董事会招揽了其他工厂加入生产，它将齿轮顶圆和信管机床交由哈尔科夫蒸汽机车制造厂生产，将雷管交由辛格尔公司位于波多利斯克的工厂生产，将模压机交由萨尔莫瓦工厂生产。②生产过程中所需的金属由库列巴基工厂提供，该工厂是在科洛姆纳和萨尔莫瓦两家公司的冶金基地上组建的。

　　战争时期，为工业公司供应原料和燃料比较困难，为了避免金属市场和燃料市场的突发情况，俄国大型金属加工企业不再签订长期的原料及燃料供应合同，而是开始建立自有燃料及原料基地。1916 年初，大臣委员会应中央军事工业委员会的请求，准许工商部在特殊情况下不必考虑股份公司相关法律中的限制性规定，为大型资本主义企业解决购入固定资产的相关问题。

　　萨尔莫瓦公司的股东大会于 1916 年 5 月 17 日决定购买一片林地，据一些报纸在该年 5 月的报道：该公司要购买的林地面积为 6700 俄亩，位于科斯特罗马省，附近有一条可汇入伏尔加河的木材浮运河流。5 月 18 日，《证券交易新闻》指出了该公司购买林地的必要性。此前萨尔莫瓦公司董事会已向股东大会报告，购买林地

---

① ЦГВИА，ф. 369，оп. 4，д. 75，л. 128—129. Описание Коломенского машиност-роительного завода.

② ЦГВИА，ф. 369，оп. 4，д. 75，л. 107；Журналы Особого совещания для обсуждения и объединения мероприятий по обороне государства（Особое совещание по обороне государства）. 1915—1918 гг. Публикация. Журналы Особого совещания по обороне государства. 1915. М.，1975. С. 541. Комментарий.

是因为当前燃料价格急剧上涨，木材供应量大幅缩减，公司应该拥有自属的木材储备。[①] 得到股东大会的肯定后，该公司购置了这片林地。这次购地是萨尔莫瓦公司与科洛姆纳公司联合前的最后一次生产集中化行为，该公司董事会的购地报告被保存于公司档案中。[②] 将其与各报中有关此次股东大会的综合报道进行对比，便可知道报纸编辑们十分清楚该公司董事会的报告内容。

对那些正在进行炮弹生产的工厂来说，保证金属供应是十分重要的。瓦乌利恩中将是当时莫斯科地区工厂大会委员会的主席，1916 年夏季，该委员会视察了萨尔莫瓦公司后在其报告中指出："因为巴奇曼诺夫斯克工厂的生产力不断提高（榴弹日产量达 2500 枚），所以萨尔莫瓦工厂必须扩大模压机的产量，然而该工厂能产多少模压机既要看它从库列巴基工厂获得多少半成品，也要看它能获得多少用于平炉炼钢的生铁。"[③]

1916 年 3～4 月，《财经报》回顾道：萨尔莫瓦公司和科洛姆纳机械制造公司的全体股东大会在一战前就决定让两家企业协同行动。[④] 该报说道："虽然这不是最终的联合形式，但此时这两家企

---

① Биржевые ведомости. Первое издание, утренний выпуск. 1916. 18 мая, С. 6。当天如下几家报纸也刊登了此次股东大会的相关综合报道，参见 Торгово-промышленная газета. 1916. 18 мая, С. 3；Финансовая газета. 1916. 18 мая, С. 3；Коммерческий телеграф . 1916. 18 мая, С. 2；Утро России. 1916. 18 мая, С. 4；День. 1916. 18 мая, С. 4；Речь. 1916. 18 мая. С. 5；Обозрение театров. 1916. 18 мая, С. 14。《商人报》和《圣彼得堡》随后也刊登了此次股东大会的相关综合报道，详见 Коммерсант. 1916. 21 мая. С. 2；Петроградские ведомости. 1916. 22 мая. С. 4.

② ЦГИА г. Москвы, ф. 323, оп. 1, д. 2192, л. 11.

③ ЦГВИА, ф. 369, оп. 4, д. 4, л. 109.

④ Финансовая газета. 1916. 12 марта. С. 3；15 апреля. С. 3.

业间已建立了十分友好的关系，因为向它们提供资金的银行是相同的。通过协同行动能使这两家具有一致利益的企业获得双赢。"1916 年夏季，科洛姆纳和萨尔莫瓦两家公司共同收购了帕什科夫制铁厂（当时属于别洛列茨克股份公司，以前属于瓦卡乌股份制贸易公司）的股票控制额，此举开启了这两家公司联合行动的新阶段。此后它们经常共同行动以扩大自己的企业规模。

1916 年 6 月 3 日晚，《财经报》向读者报道："据传，萨尔莫瓦和科洛姆纳两家公司共同从别洛列茨克公司收购了帕什科夫制铁厂的股份控制额。"[1] 次日清晨，《戏剧评论》和《商业电报》转载了这篇报道。[2] 但莫斯科的《商业电报》通过电话从圣彼得堡获取此信息时出现了错误，结果在报道中将别洛列茨克写成了别尔哥罗德。

10 天之后（6 月 13 日），各家报纸再次关注了这一话题。《商业电报》于当日发表了一篇简讯，题为《科洛姆纳公司和萨尔莫瓦公司的前景》，其中指出：科洛姆纳和萨尔莫瓦股份公司受到圣彼得堡国际商业银行和贴现 – 贷款银行的保护，这两家公司在银行的帮助下共同收购了帕什科夫制铁厂的股票控制额。此外，银行不仅购买了该工厂的整套铁轨生产设备及建至马格尼特山的铁路，还购买了米阿斯站（位于萨马拉—兹拉托乌斯金铁路线上）及该工厂到附近煤矿与米阿斯站的铁路，银行在上述交易中支付的总金额大约为 1500 万卢布，所购这些资产也都转给了科洛姆纳公司和萨尔莫瓦公司。该简讯总结道："这些重要的收购行为催生出科洛姆

---

① Финансовая газета. 1916. 3 июня. С. 3.

② Обозрение театров. 1916. 4 июня. С. 14；Коммерческий телеграф. 1916. 4 июня. С. 2.

纳－萨尔莫瓦联合公司，它是一家实力雄厚且大有前途的冶金企业。此前，科洛姆纳公司和萨尔莫瓦公司是向不同供应商购买原料。完成收购后，这两家公司得到了大量原料，因为马格尼特山附近的巨型矿场够开采好几十年，它能提供足量的生铁和其他材料。所购铁路周边还形成了环状生产线，科洛姆纳－萨尔莫瓦联合公司便是在此基础上形成的。制造轮船、蒸汽机车、车厢时所需的成品部件都将在该联合企业生产。"[1] 该日的《财经报》和次日的《戏剧评论》与《俄罗斯之晨》都明确道，科洛姆纳和萨尔莫瓦公司共同向别洛列茨克公司购买帕什科夫制铁厂的问题终于被解决了。[2]

很快一些报纸又报道：别洛列茨克公司董事会将从莫斯科迁往圣彼得堡（买方公司的董事会也位于该城市），该公司还根据科洛姆纳－萨尔莫瓦联合公司的实际惯例，改变了业务年度的期限（此前为头年5月1日至次年4月30日，此时为每年1月1日至12月31日）。7月12日，别洛列茨克公司组织召开了股东大会，会上选举了新的公司董事会成员，其中包括以下人员：А. И. 维什涅格拉茨基（圣彼得堡国际商业银行的董事长兼科洛姆纳－萨尔莫瓦公司常务董事）、А. П. 梅谢尔斯基（科洛姆纳－萨尔莫瓦股份公司的董事长兼圣彼得堡国际商业银行委员会成员）及 Ю. И. 拉姆塞叶尔（贴现－贷款银行的经理兼科洛姆纳－萨尔莫瓦公司的

---

① Коммерческий телеграф. 1916. 13 июня. С. 3.

② Финансовая газета. 1916. 13 июня. С. 3；Обозрение театров. 1916. 14 июня. С. 12；Утро России. 1916. 14 июня. С. 5.

董事会经理）。① 自此，科洛姆纳、萨尔莫瓦、别洛列茨克三家公司以及资助这些公司的圣彼得堡国际商业银行和贴现－贷款银行共同组成了金融寡头。② 《财经报》证实道："别洛列茨克公司的帕什科夫制铁厂连接着周围的铁路网，且刚刚装配了新设备，萨尔莫瓦和科洛姆纳公司共同购买了该厂后便能保证自己获得优质钢铁。这两家公司协同行动，它们都将成为俄国最大的机械制造企业。"③

　　为了向别洛列茨克公司购买帕什科夫制铁厂的股票控制额，科洛姆纳机器制造公司和萨尔莫瓦公司都需要再增加 1000 万卢布的资本。④ 为了解决此问题，这两家公司的董事会向股东大会提交了报告，报告内容在 8 月被各家报纸陆续刊登⑤，这些报纸将读者的注意力吸引到两份报告的相同内容上。这两家公司扩展企业既是为了使自身免受极端情况的危害，也是为了获取原料产地。它们不仅向别洛列茨克公司购买了帕什科夫制铁厂的股票控制额，还与某些煤炭企业和炼铁企业就获取股票和特权进行了谈判，其目的便是在

---

① Петроградские ведомости. 1916. 19 июня. C. 4；Утро России. 1916. 21 июня. C. 5；Биржевые ведомости. 1916. 22июня. C. 6；Финансовая газета. 1916. 24июня. C. 2；Коммерческий телеграф . 1916. 7 июля. C. 2.

② Коммерсант . 1916. 13 июля. C. 3；Коммерческий телеграф. 1916. 13 июля. C. 2；Утро России. 1916. 13июля. C. 5；Финансовая газета. 1916. 14июля, C. 2—3；Обозрение театров. 1916. 15 июля. C. 10；Биржевые ведомости. 1916. 15 июля. C. 6.

③ Финансовая газета. 1916 14 июля, C. 2—3.

④ 对此做了报道的有以下几家报纸：Обозрение театров. 1916. 10—11 июля. C. 12；Коммерсант . 1916. 12 июля. C. 2；Финансовая газета. 1916. 14 июля. C. 2。

⑤ Биржевые ведомости. 1916. 5 авг. C. 6；Коммерсант . 1916. 10 авг. C. 2；Коммерсант . 1916. 11 авг. C. 2；Коммерсант . 1916. 17 авг C. 2；Торгово-промышленная газета. 1916. 14 авг. C. 4；Коммерческий телеграф. 1916. 17 авг. C. 2.

这些企业中占据主导地位并获取林地。萨尔莫瓦股份公司还计划在科斯特罗马省购买林区（公司股东们于 5 月通过了与此相关的决议）。科洛姆纳股份公司的董事会则向股东们提出了有关在莫斯科省、下诺夫哥罗德省、梁赞省购买林地的打算。

最初，科洛姆纳公司的股东大会定于 7 月 30 日举行，萨尔莫瓦公司的股东大会定于 8 月 3 日举行。① 然而，由于这两家公司的股东们均未按公司章程提交所需的股票额，所以它们又分别在 8 月 19 日下午 3 时和 4 时举行了第二次股东特别会议。② 《财经报》在 1916 年 8 月 19 日报道："今天，科洛姆纳机械制造公司和萨尔莫瓦公司将在同一时段、同一地点举行第二次股东特别大会，不日这两家公司将成为俄国冶金领域的联合组织。它们都计划通过发行新股票来将基础资本从 1500 万卢布扩大到 2500 万卢布，为此它们才召开了第二次股东特别会议。这两家公司的行为动机是一样的，因为众所周知这是两家联合行动的公司。"该报还预测道："这两家公司发行新股票的相关决定不会在二次会议上遭到反驳，董事会的方案也将被通过。"③ 从各报登载的二次会议工作报告来看，该预测显然是正确的。④

① Петроградские ведомости. 1916. 10 июля. С. 6；12 июля. С. 5.
② Петроградские ведомости. 1916. 23 июля. С. 3；30 июля. С. 5.
③ Финансовая газета. 1916. 19 авг. С. 3.
④ 会议召开的次日，以下几家报纸登载了两次会议的工作报告：Торгово-промышленная газета. 1916. 20 авг. С. 3；Биржевые ведомости. 1916. 20 авг. С. 4；Финансовая газета. 1916. 20 авг. С. 3；Коммерческий телеграф. 1916. 20 авг. С. 2；День. 1916. 20 авг. С. 3—4；Речь. 1916. 20 авг. С. 5；Утро России. 1916. 20 авг. С. 6。随后，以下几家报纸也刊登了此内容：Обозрение театров. 1916. 21—22 авг. С. 14；Коммерсант . 1916. 23 авг. С. 2；Коммерсант. 1916. 24 авг, С. 2；Петроградские ведомости. 1916. 23 авг. С. 5；Петроградские ведомости. 1916. 26 авг. С. 6.

1917 年初，《商人报》在一篇专门报道科洛姆纳机械制造公司的长文中指出："有不少人天真地以为，科洛姆纳公司仅仅是一家距莫斯科 100 俄里①的工厂。但实际上完全不是这样的。"这篇文章主要报道了科洛姆纳公司，此外还提到了力普卡尔塔工厂（距科洛姆纳公司仅 3 俄里）、卡留巴克工厂（位于穆罗姆附近）以及科洛姆纳公司和萨尔莫瓦公司共同所有的帕什科夫制铁厂（位于乌拉尔）。这两家公司共同向别洛列茨克公司购买该工厂的主要原因是："科洛姆纳机器制造公司出现了生铁短缺现象。自该公司迅速展开大规模生产后，以前的生铁产地已不能满足需求。若没有合理的生铁供应，公司就面临停产的危险。由于乌拉尔地区几乎能为全俄提供充足的金属，所以这两家俄国最大的冶金企业便决定在此处购买一块土地并对此进行专门开发。"②

1916 年 8 月，各报几乎逐字逐句转述了这两家公司董事会在第二次股东特别会议上所做的报告，报纸撰稿者还指出了两份报告的相同内容，这能够从这两份报告中得到印证。③ 各家报纸在此时期不仅登载了各公司的公文资料，还报道各公司生产经营活动的进程，并在报道中宣传各公司的活动。

1916 年 8 月 19 日，科洛姆纳机械制造公司和萨尔莫瓦公司的股东们解决了有关收购别洛列茨克公司股票控制额的问题，并决定以扩大公司股份资本的方式解决资金问题。《日报》在当日的一篇报道中指出：冶金工业领域"正进行着联合兼并进程，一系列新

---

① 俄里，俄制长度单位，1 俄里 ≈ 1.0668 公里。——译者注
② Коммерсант . 1917. 12 янв. С. 2.
③ ЦГИА г. Москвы，ф. 318，оп. 1，д. 2144，л. 1—2；ф. 323，оп. 1，д. 32，л. 3—4.

的托拉斯也正在形成"。该文还指出了一个能够说明该进程的事例，即"科洛姆纳和萨尔莫瓦两家公司准备在共同占有别洛列茨克公司的基础上实行联合"①。

科洛姆纳－萨尔莫瓦联合公司兼并了别洛列茨克公司后极大增强了自身的生产基础。别洛列茨克公司旗下有别洛列茨克的生铁熔炼厂、制铁厂、轧钢厂，以及奥伦堡省乌拉尔县的基尔良德斯基轧制钢板厂、乌扬斯基熔铁厂。

兼并完成后，别洛列茨克公司的股东会议由新一届董事会主持，圣彼得堡国际商业银行为该届董事会提供了大量资金。1916年9月，该公司的股东大会决定，在奥伦堡省的马格尼特山购买一块"荒地"，目的是在此处的矿产地上建立冶金工厂。②

圣彼得堡国际商业银行打算从 К. Э. 别拉谢尔斯基公爵手中收购卡塔夫－伊万诺夫斯克采矿区，1916年12月初，《商业电报》和《证券交易通讯》对此进行了报道③，1917年，这两家报纸又对此次收购的谈判进程进行了多次报道④。《商业电报》于1917年10月25日总结道："别洛列茨克公司董事会与 К. Э. 别拉谢尔斯基公爵就收购卡塔夫－伊万诺夫斯克采矿区所进行的谈判结束了。"⑤该采矿区的开采范围包含梅格列尔矿区和巴卡尔铁矿区东部，梅格

① День. 1916. 19 авг. С. 4. Акционерное учредительство и процесс синдицирования промышленности.
② Коммерсант. 1916. 27 сент. С. 3；Коммерческий телеграф. 1916. 27 сент. С. 3；Утро России. 1916. 27 сент. С. 5；Финансовая газета. 1916. 28 сент. С. 3；Обозрение театров. 1916. 29 сент. С. 17.
③ Коммерческий телеграф. 1916. 7 дек. С. 3；Биржевой курьер. 1916. 7 дек. С. 3.
④ Коммерческий телеграф. 1917. 22 авг. С. 2；Биржевой курьер. 1917. 21 сент. С. 3；Коммерческий телеграф. 1917. 23 сент. С. 2.
⑤ Коммерческий телеграф. 1917. 25 окт. С. 2.

列尔矿区适于水泥生产，总面积为 28 万俄亩，其中 24 万俄亩储藏于森林之下。

卡塔夫－伊万诺夫斯克采矿区的生铁年产量为 200 万吨，此外该矿区还有水泥厂和 15 吨级的平炉。为了最终解决购买卡塔夫－伊万诺夫斯克采矿区的相关问题，别洛列茨克公司于 1917 年 11 月 30 日召开了股东大会，但此时俄国民众对此已经不感兴趣，而且本书中研究的报纸都已不再发行。由于各报纸不再报道该公司的生产集中化进程，所以笔者既无法借助报纸明确别洛列茨克公司董事会向股东大会提交的报告内容，也无法从报纸中看到股东大会的工作报告。然而，该公司的董事会档案中存有董事会报告和会议记录①，通过它们我们知道，有 10 位股东参加了此次股东大会，他们手上的股票总额为 950 万卢布（该公司股份资本总额为 1225 万卢布）。А. П. 梅谢尔斯基被选为此次会议的主席，会上股东们决定购买卡塔夫－伊万诺夫斯克矿区，并为此将公司资本额扩大到 3200 万卢布。据别洛列茨克公司的董事会计算，这次收购后公司的生铁获取量将成倍增加，其生产规模也会明显扩大。

1917 年 10 月，К. Э. 别拉谢尔斯基公爵和别洛列茨克公司之间缔结了合同，其中规定：公爵出售该矿区时能得到别洛列茨克公司存于圣彼得堡国际商业银行的股票，但在 1919 年 5 月 1 日前，若未经过银行同意他不能将这些股票出售、转手给任何人。② 所以，圣彼得堡国际商业银行在别洛列茨克公司购买卡夫塔－伊万诺夫斯克矿区时所起的作用值得仔细研究。该公司档案中保存的资料

---

① ЦГИА г. Москвы，ф. 291，оп. 1，д. 36，л. 4—5 об；д. 27，л. 1—2.

② ЦГИА г. Москвы，ф. 291，оп. 1，д. 147，л. 10.

完全印证了各报中与此次收购交易相关的信息。

据《商业电报》报道，科洛姆纳公司和萨尔莫瓦公司不仅要在乌拉尔地区扩大其占地规模，两家公司的股东们还决定在共同购买别洛列茨克公司的股票控制额后，再兼并另一家公司。该报写道："我们得知，圣彼得堡国际商业银行和贴现－贷款银行就收购塔什制铁公司（归莫斯科私有商业银行所有）的股票控制额进行了谈判，如果完成此次收购，这两家银行便能将科洛姆纳公司、萨尔莫瓦公司、别洛列茨克公司和塔什制铁公司这4家大型冶金企业联合起来。"[1] 一年半之后，该报于 1917 年 12 月 16 日报道：为满足自身的生铁需求，科洛姆纳－萨尔莫瓦联合公司将要购买塔什制铁公司的股票控制额。[2] 该联合公司在 1917 年 12 月 2 日举行的第二次股东特别会议上讨论了此问题，董事会提交给股东大会的报告被保存在公司档案中。[3] 从萨尔莫瓦公司的会议记录中（虽未找到科洛姆纳公司的会议记录，但我们推测，两家公司的会议记录是一致的）我们可知，有 5 位股东委托代理人参加了会议，他们所持有的股票数为 9000 股（公司总股票数为 40 万股）。[4]

第二次股东特别会议是在莫斯科举行的，梅谢尔斯基被推选为大会主席，会上股东们批准了这次收购交易，并决定让两家公司的董事会共同收购塔什制铁公司的 5096 只股票（该公司共有 8000 只股票）。此时科洛姆纳公司、萨尔莫瓦公司、别洛列茨克公司都已

---

[1]　Коммерческий телеграф. 1916. 23 авг. С. 3. 塔什制铁厂位于下诺夫哥罗德省阿尔达托夫市，科洛姆纳股份公司的库列巴基工厂也位于此地。

[2]　Коммерческий телеграф. 1917. 16 дек. С. 3.

[3]　ЦГИА г. Москвы, ф. 318, оп. 1, д. 3601, л. 9—10；ф. 323, оп. 1, д. 43, л. 7—8 об.

[4]　ЦГИА г. Москвы, ф. 323, оп. 1, д. 43, л. 9.

将董事会从圣彼得堡迁到莫斯科，塔什制铁公司的董事会也位于此，所以莫斯科的报纸自然会登载与此次会议相关的报道。

1917 年 8 月各报报道：俄国军械制造公司的全体股东大会将在察里津举行，给予其资金支持的银行领导人和科洛姆纳 – 萨尔莫瓦联合公司的领导人都被选为该公司董事会成员，他们分别是：M. C. 普拉特尼科夫（此人为萨尔莫瓦公司和贴现 – 贷款银行的董事会经理）、A. И. 维什涅格拉茨基、A. П. 梅谢尔斯基。[①] 9 月 2 日，圣彼得堡的各家报纸报道：昨日，科洛姆纳公司和萨尔莫瓦公司的股东们批准了董事会有关共同收购俄国军械制造公司和彼尔姆森工贸公司股票控制额的提议。[②] 萨尔莫瓦公司董事会就此所提交的报告保存在该公司的董事会档案中。科洛姆纳公司的董事会报告则要在工商业部的公文资料中寻找。[③] 此外，萨尔莫瓦公司的档案中保留了此次股东大会的记录摘要，该摘要中指出，大会上通过了董事会的收购提议。各报详细描述了两家公司如何在全体股东会议上通过该提议。我们用这两家公司所保存的公文资料并不能预测

---

① Торгово-промышленная газета. 1917. 9 авг. С. 4；Речь. 1917. 9 авг. С. 4；Биржевой курьер. 1917. 10 авг. С. 4；Русская воля . 1917. 10 авг. С. 7.

② Финансовая газета. 1917. 12 авг. С. 21—22，次日以下几家报纸也刊登了这两家公司股东特别会议的工作报告：Торгово-промышленная газета. 1917. 13 авг. С. 5；Биржевые ведомости. 1917. 13 авг. С. 6；День. 1917. 13 авг. С. 6；Речь. 1917. 13 авг. С. 6；Русская воля. 1917. 13 авг. С. 6；Биржевой курьер. 1917. 13 авг. С. 3. 后来以下几家报纸又刊登了此工作报告：Коммерческий телеграф. 1917. 5 сент. С. 2；Коммерсант . 1917. 5 сент. С. 3；Финансовая газета. 1917. 9 сент. С. 23—24；Обозрение театров. 1917. 19 сент. С. 14。

③ ЦГИА г. Москвы，ф. 323，оп. 1，д. 42，л. 2—3；ЦГИА СССР，ф. 23，оп. 14，д. 98，л. 190—193。另参见 Сборник документов для практических занятий по источниковедению истории СССР. Выпуск 2. Период капитализма，С. 156—159。

股东们所通过的决议将来会如何发展，但用各报中的某些资料可以研究这一点。

俄国军械制造公司设于察里津的工厂能对科洛姆纳公司和萨尔莫瓦公司的现有生产能力进行补充，因为这些工厂专业性很强，不仅拥有大量锻压设备（用于生产最重要的锻件，如大口径炮筒、内燃机曲拐轴等），还拥有加工炮弹及超大型号锻件的机床。俄国军械制造公司将这些工厂建在伏尔加河畔，不远处便是顿涅茨克矿区，此地能为它们供应充足的固态燃料和液态燃料。为了制造符合要求的高品质钢铁，这些工厂计划发展冶金生产和机械制造，别洛列茨克公司则为它们提供纯木炭生铁。

科洛姆纳－萨尔莫瓦联合公司收购了彼尔姆森工贸易公司（包括彼尔姆的制材厂、制箱厂、卡马森林租让公司及其分公司）后，便能有充足的木料（用于车辆制造）和燃料。为了获得某大型冶金企业的股票控制额，科洛姆纳－萨尔莫瓦联合公司的董事会与该企业进行了商谈，之后还向股东们做了情况说明，但并未指出是与哪家企业商谈，只是说该企业需向科洛姆纳和萨尔莫瓦公司的工厂供应金属，主要是生铁块和钢坯。两家公司的董事会报告及报纸刊登的会议报告中都谈到了这一点。

一个月之后，《证券交易通讯》和《商业电报》报道：国防委员会和各部委员会都将科洛姆纳公司和萨尔莫瓦公司向俄国军械制造公司收购察里津军械工厂的相关问题列为讨论主题，各部委员会接收的报告中说道：将这些工厂转手给以圣彼得堡国际商业银行为首的银行财团后会对国家形成极度不利的影响。① 很快这两家报纸

---

① Биржевой курьер. 1917. 3 окт. С. 3; Коммерческий телеграф. 1917. 4окт. С. 2.

又向读者报道：这一已公布的收购计划流产了，因为政府最终拒绝批准它。①《圣彼得堡新闻》报道："有关科洛姆纳机械制造公司向俄国军械制造公司收购察里津军械工厂的传闻并不完全准确，该工厂将被国家收购。"②

　　我们已经证实，报纸中有关一战期间科洛姆纳－萨尔莫瓦联合公司生产集中化进程的所有报道是非常完整可靠的。该进程各主要阶段中的关键性事件（例如科洛姆纳公司和萨尔莫瓦公司在全体股东会议上决定向别洛列茨克公司收购帕什科夫制铁厂的股票控制额）都在所选刊物中有所反映。各家报纸的报道内容不尽相同，而且不同报纸会对不同事件感兴趣。以科洛姆纳机械制造公司部分收购艾米利·利普哈特股份公司为例，因为前者的董事会位于圣彼得堡，后者的董事会位于莫斯科，所以前者的股东会议报告只刊登在圣彼得堡的报纸上，而后者的股东会议报告只刊登在莫斯科的报纸上。1916 年 7 月 12 日，别洛列茨克公司在莫斯科举行了全体股东大会，会上股东们决定调整董事会的人员构成并与科洛姆纳公司、萨尔莫瓦公司以及为它们提供资金支持的圣彼得堡国际商业银行、贴现－贷款银行确立私下联合，莫斯科的报纸首先对这次会议的决定进行了报道。随后，圣彼得堡的报纸也对此做了报道，如《财经报》《戏剧评论》《证券交易新闻》。作者在第一章中曾说明了所选各报纸的特点，这些报纸中有关科洛姆纳－萨尔莫瓦联合公司生产集中化的具体报道将这些特点全部印证。所以，根据研究任务集中研究各报纸是非常合理的。

---

① Коммерческий телеграф. 1917. 7 окт. С. 3；Биржевой курьер. 1917. 7 окт. С. 3（文中指出：该信息是通过电话由莫斯科传递而来）。
② Петроградские ведомости. 1917. 15 окт. С. 2.

报纸不仅登载大型资本主义企业领导人宣布的消息，还登载他们讨论问题（这类讨论通常以口头方式进行，公文资料不能将其全面反映出来）时所提出的方案。我们在报纸中找到了有关科洛姆纳－萨尔莫瓦联合公司进一步发展的三套方案。

1916 年 11 月中旬，《商业电报》《证券交易通讯》向读者报道：圣彼得堡国际商业银行打算将科洛姆纳公司、萨尔莫瓦公司、别洛列茨克公司联合为一家统一的大型冶金企业，并将"俄国索科尔冶金公司"作为其总名称。[1] 虽然从报纸中可看出，当时两个中心城市（莫斯科和圣彼得堡）的证券交易界大肆宣扬着实行该计划的传闻，但我们并未发现能证明该计划存在的文件。

1917 年 1 月，各家报纸报道：科洛姆纳－萨尔莫瓦联合公司计划兼并南部的顿涅茨克－尤里耶夫冶金公司。《财经报》首先对此进行了报道："当前科洛姆纳公司和萨尔莫瓦公司准备与别洛列茨克公司及顿涅茨克－尤里耶夫公司建立最紧密的商业联系。"[2] 4 天之后《证券交易新闻》补充道："根据最新消息，顿涅茨克－尤里耶夫冶金公司就购买俄国中部两家大型制铁公司的股票展开了会谈。"[3] А. П. 梅谢尔斯基曾提出将萨尔莫瓦、科洛姆纳、别洛列茨克和顿涅茨克－尤里耶夫公司合并为一个强大的辛迪加组织，为了讨论他的这项提议，这些公司的代表们举行了会谈，随后，《证券交易通讯》《商业电报》对这次会议进行了报道。这两家报纸指

---

[1] Коммерческий телеграф. 1916. 16 ноября. С. 3；Биржевой курьер. 1916，17 ноября. С. 3.

[2] Финансовая газета. 1917. 19 янв. С. 3。次日清晨《戏剧评论》转载了这篇报道，参见 Обозрение театров. 1917. 20 янв. С. 14。

[3] Биржевые ведомости. 1917. 23 янв. С. 6；另参见 Коммерсант . 1917. 26 янв. С. 2。

出："目前该会议还未得出任何结论，要解决问题就必须继续进行讨论。"① 2 月份，《证券交易新闻》明确证实道，最近就组建该辛迪加组织达成了协议②，"随着这些企业确立了共同利益，俄帝国的制铁业领域便自然形成了托拉斯"③。10 月份，《商业电报》和《证券交易通讯》刊登道：圣彼得堡国际商业银行将以科洛姆纳、萨尔莫瓦、别洛列茨克这三家公司的名义向莫斯科工业银行收购顿涅茨克 – 尤里耶夫冶金公司的股票控制额，相关合同将于近日生效。④ 我们在上述几家公司的公文资料中并没有找到它们讨论此次收购的内容。这几家工业公司依赖于某些银行的资金支持，有关上述收购交易的讨论是在这些银行的领导人之间进行的，所以，相关信息应该被记录在了各家银行的公文资料中。但银行公文的保存状况并不理想，从中找到所需信息的可能性不大。前文中我们已多次证实，报纸编辑们对工业生产的集中化问题十分了解，因此我们可以在报纸中寻找此类信息。

从《商业电报》于 1917 年 10 月 25 日发表的简讯《科洛姆纳公司计划兼并布良斯克工厂》中可明显看出，当时俄国大型资本主义工业的集中化进程是非常复杂多样的。该文写道："我们得知，科洛姆纳公司董事会与莫斯科工业银行就收购布良斯克工厂的股票控制额进行了会谈。众所周知，前不久科洛姆纳公司董事会就此与俄亚银行也进行了会谈，该银行打算帮助该公司兼并巴尔维阿

---

① Коммерческий телеграф. 1917. 27 янв. С. 2 ; Биржевой курьер. 27 янв. С. 2.

② 从上下文可知，《证券交易新闻》是说，萨尔莫瓦公司、科洛姆纳公司、别洛列茨克公司及顿涅茨克 – 尤里耶夫公司之间就建立托拉斯组织达成协议。——译者注

③ Биржевые ведомости. 1917. 16 февр. С. 8.

④ Коммерческий телеграф. 1917. 4 окт. С. 2 ; Биржевой курьер. 6 окт. С. 3.

依涅公司的布良斯克工厂。这些会谈最终都没有取得什么成果。"[1]
圣彼得堡国际商业银行的领导们就科洛姆纳－萨尔莫瓦联合公司兼
并布良斯克工厂也进行了讨论，但我们并不知道最终结果如何。

十月社会主义革命虽使俄国的工业垄断化进程无法继续，但其
发展步伐不会立刻停止。各大资本主义企业的领导人按照之前的预
定方案继续推进了生产的集中垄断化进程，例如，别洛列茨克公司
于 11 月收购了卡塔夫－伊万诺夫斯克矿区，科洛姆纳－萨尔莫瓦
联合公司于 12 月收购了塔什制铁公司。为了建立国家资本主义类
型的机械制造和冶金业托拉斯，苏俄政府在 1917 年末至 1918 年初
与以 А. П. 梅谢尔斯基为首的资本家团体进行了会谈。[2] А. П. 梅
谢尔斯基打算将科洛姆纳公司、萨尔莫瓦公司、别洛列茨克公司以
及布良斯克机械制造厂、布良斯克制铁厂、布良斯克轧轨厂等都列
入该托拉斯。上述这些企业则想依靠新政权与对手竞争。

全俄国民经济委员会车厢制造分会的专门记录中曾写道：若实
现 А. П. 梅谢尔斯基制定的国家资本主义托拉斯方案，那么许多大
型企业所持有的公司股票额将相对较少。从该方案的内容来看，各
企业实际上并未联合成一个统一的新组织，而是被科洛姆纳－萨尔
莫瓦联合公司兼并。那些被 А. П. 梅谢尔斯基列入该托拉斯的企业
预先并不知道苏俄政府打算建立托拉斯。[3]

---

[1]　Коммерческий телеграф. 1917. 25 окт. С. 2.

[2]　Волобуев П. В., Дробижев В. З. Из истории госкапитализма в начальный
период социалистического строительства в СССР（переговоры Советского
правительства с А. П. Мещерским о создании госкапиталистического
треста）//Вопросы истории. 1957. № 9. С. 107—122.

[3]　ЦГИА г. Москвы, ф. 318, оп. 1, д. 2606, л. 101—101 об. Копия памятной
записки. Апрель 1918 г.

根据 П. В. 瓦拉布耶夫和 В. З. 德拉必热夫的计算，那些被 А. П. 梅谢尔斯基列入所筹托拉斯的企业在 1917 年共生产出全俄 88% 的蒸汽机车。还有一些生产金属及煤炭的大型企业也被列入该托拉斯，1914 年，这些企业的炼铁量为该年南俄炼铁总量的 30%，其煤炭开采量为该年南俄煤炭开采总量的 15%。1917 年，许多乌拉尔的大型企业都向托拉斯转变，包括国有兹拉托乌斯特区，这为在乌拉尔建立第二个实力雄厚的冶金基地开辟了前景（一战前，该区炼铁量占全俄总炼铁量的 20%）。

从苏俄政权的角度来看，与以 А. П. 梅谢尔斯基为首的大资本家进行会谈是为了利用科洛姆纳－萨尔莫瓦联合公司来建设社会主义经济。在经济崩溃、战争持续的状况下，国家资本主义形式的工业组织能使苏俄政权手头具备成熟的核算监督机构和技术机构，这种工业组织形式还能够充分利用资产阶级专家的技术资源和行政资源。

由于资本家们暗中抵制并拒绝在企业中设置工人监察机构，俄罗斯苏维埃联邦社会主义共和国人民委员会于 1918 年 4 月决定否决 А. П. 梅谢尔斯基的方案并开始推行工厂国有化政策。1918 年 6 月 29 日，最高国民经济委员会主席团决定将萨尔莫瓦－科洛姆纳金融团体中的公司国有化（其中包括科洛姆纳公司、萨尔莫瓦公司、别洛列茨克公司以及塔什制铁公司）[1]，并决定将该金融团体更名为"国有萨尔莫瓦－科洛姆纳机械制造联合公司"。到该年 11 月，别热茨克工厂、梅季希工厂、雷宾斯克工厂、特维尔工

① Журавлев В. В. Декреты Советской власти. 1917—1920 гг. как исторический источник. Законодательные акты в сфере обобществления Капиталистической собственности. М., 1979. С. 230.

厂、拉吉茨克工厂也被纳入该联合公司，萨尔莫瓦－科洛姆纳金融团体从此被正式称为国有机械制造厂联合公司。①通过国有化建立起来的这一机械制造托拉斯是苏俄工业领域首批大型社会主义企业之一。

　　1916年，随着战争的发展，市场上越来越难为工业公司供应充足的原材料及燃料，在这种状况下，各企业在纵向联合的基础上实现生产集中化的趋势大大加强。报纸中的报道既反映出了企业进行扩展的事实，又反映出了那些未实现的方案，利用这类报道能系统地研究科洛姆纳－萨尔莫瓦金融团体在第一次世界大战期间是如何扩展的。很显然，为科洛姆纳－萨尔莫瓦金融团体提供资金支持的各家银行对该集团旗下各企业的业务起了决定性作用。1916年的报纸资料说明：随着时间推移，科洛姆纳－萨尔莫瓦联合公司的活动范围逐渐扩大并发生显著变化。从1916年夏季起，报纸中有关科洛姆纳－萨尔莫瓦集团下属各企业同时扩大企业规模的报道说明：该集团已具备了托拉斯这类垄断组织所具有的特征。前文列举的报道资料与公司文件资料中的信息及我们对该集团所做出的这些评价并不矛盾。

　　例如，报刊会对企业的发展趋势做出评估，我们利用公司档案中保存的年度收支对照表能在一定程度上检验这些评估是否正确。И. Ф. 兴金专门将股份制公司的收支对照表作为史料，他确切地指

①　该公司俄文缩写为 ГОМЗ，俄文全称为 Государственные объединённые машиностроительные заводы，是苏联建立的国家资本主义托拉斯，1918～1930 年在苏联的社会主义工业建设中起了重要作用，该公司包含了科洛姆纳公司、萨尔莫瓦公司、别洛列茨克公司、塔什制铁公司、别热茨克工厂、梅季希工厂、雷宾斯克工厂、拉吉茨克工厂、布良斯基工厂及特维尔工厂等大型机械制造企业和冶金企业。——译者注

出：要充分利用收支对照表，并以发展的、变化的、全面的角度研究公司的资本及盈利，这样才能"通过收支对照表真实地反映公司发展的主要进程"①。通常，某公司收购另一家企业的股份时需要扩大资本。这类收购活动既反映在报纸中，又反映在公司的收支对照表中。公司的股份资本总额一般是固定的，若要对其进行变更就需得到政府的特别许可。我们研究发现：纯利润和股东红利是判断公司业务状况的最重要指标。收支对照表中变化不定的数值说明了公司资本周转及信贷的特点，表中快速增长的流动资本证明：企业对银行的金融依赖性持续增强，企业规模在此基础上逐步扩大。

　　我们仔细研究了科洛姆纳公司及萨尔莫瓦公司在 1900～1916 年的收支对照表②，从中可知：第一次世界大战期间（1914～1917 年），萨尔莫瓦公司的流动资本约增加了 2.5 倍，负债额增加了 3 倍，科洛姆纳公司的负债额则增加了 3.5 倍。1916 年，科洛姆纳公司的借入资本额为 4000 万卢布，这相当于该公司股份资本的 267.6%。相比之下，萨尔莫瓦公司该年的借入资本要少得多，总额为 2400 万卢布，但这已是 1915 年的两倍。1916 年，科洛姆纳机械制造公司的股份资本为 1500 万卢布，税后年纯利润（750 万卢布）是一战前最高年利润（1913 年）的 3 倍多。该年，萨尔莫瓦公司的股份资本亦为 1500 万卢布，税后年纯利润（1050 万卢布）为一战前最高年利润（1905～1906 业务年度）的 4 倍。1916

---

①　ГиндинИ. Ф.，Балансы акционерных предприятий как исторический Источник// Малоисследованные источники по истории СССР XIX—XX вв. М.，1964. C. 131.

②　Массовые источники по социально - экономической истории России периодакапитализма. C. 115—120.

年，科洛姆纳公司的股东能从每只面额为 125 卢布的股票中分得红利 17.5 卢布，该公司发放的股票总红利相当于其股份资本的14%。萨尔莫瓦公司每只股票的面额为 100 卢布，股东也可从中分得红利 17.5 卢布，该公司股票总红利相当于其股份资本的17.5%。科洛姆纳公司和萨尔莫瓦公司的收支对照表说明：这两家公司长久依靠着银行的金融资本，一战期间，它们运用这些资本实现了生产集中化。

总之，前文所列举的报道资料和公司的文件资料（即收支对照表）都说明这两家公司均在 1916 年发生了实质性变化。仅研究某家企业的公文资料当然不能解决与大型资本主义企业的垄断行为相关的所有问题，只有将各大工商企业的结构、资本规模及利润等进行对比研究后，才能找出那些具有垄断利润的企业，如何收集这方面的资料是研究者如今面临的一个复杂问题。

目前，历史学家已在报纸中找到大量有关俄国大型资本主义企业的报道，这些既具代表性又基本可靠的报道为研究俄国经济垄断化的整体发展状况提供了基础和前提。

第四章
第一次世界大战期间俄国工业的垄断趋势（利用俄国报纸信息进行分析）

　　历史学家与那些亲历报纸所述事件的人不同，他们要从各个时间段分析已经完成的俄国工业垄断化进程。工业公司的相关报道将企业股东、证券交易所经纪人、企业领导人及银行管理人员作为重要论述对象。虽然历史学家不是其中任何一员，并不了解这些历史当事人所熟知的事件，但是他们可以通过研究报道所述信息来描述工业垄断化的整体进程。

　　报刊不仅登载具体事件型报道，还在分析型报道中阐述事件意义。这些报道既面向当时的读者，也面向未来的读者，人们通过报道内容会对事件形成一定认识。各报认为：报纸中应该有读者指南。《圣彼得堡新闻》的常任经济评论员 И. 伊林斯基曾说道："我们若生活在消息闭塞的年代，就不会明白当前的一些世界性事件有多么骇人听闻。然而我们是受俄国报纸影响的新一代人，通过看报我们变得聪明理智。那么，我们在浏览报纸公告时能看到些什么？"为了防止读者在当时及今后犯一些可能的错误，他在《圣彼得堡新闻》

第 71 期的《公告》中详细回答了此问题。[1] 此后，其他报纸也效仿此举，开始刊登读者指南。《证券交易新闻》认为："工业公司相互参与彼此事务的现象十分普遍，但各公司的文件中缺少这方面的详细信息，所以研究者将很难客观地判断这一复杂进程的发展方向。"[2]《证券交易新闻》还曾强调道："国家的经济状况对当前大战具有重大影响，故各报纸对俄国国民经济生活中的各种现象进行了特别关注，今后的历史学家将在这些报纸中找到大量相关史料。"[3]

　　各报不仅刊登了与股份制公司的联合行为相关的具体事件型报道，还对这些事件做了某些分析。《证券交易新闻》每周定期对经济生活中的重大事件做出评述，《工商业报》则每月对股份制公司的行为活动进行总结。专题文章能对具体事件做最全面的分析。一战期间，各报纷纷刊登与俄国工业垄断和生产集中相关的专题文章。由于这类文章通常是在工业垄断发展至高峰期或即将进入下一阶段时才发表，所以积累它们需要一定时间。只有当这类文章积累到一定数量时，其才可作为研究垄断化进程中各种新趋势、新现象的实际资料。

　　一战期间，俄国的垄断化进程已发生明显质变。为了研究，笔者从该时期的报纸中寻找出与俄国经济垄断相关的分析型文章。我们在前文已指出：不同报纸中与俄国工业垄断化进程相关的分析型报道在数量上多寡不一。在所研究的 12 种报纸中，《戏剧评论》、《言论报》及《证券交易通讯》几乎没有刊登此类报道，《证券交易新闻》在 1914 年夏季至 1917 年秋季期间（即本书所研究的整个

①　Петроградские ведомости. 1916. 1 апр. № 73. С. 1.
②　Биржевые ведомости. Первое издание. Утренний выпуск. 1915. 3. апр. С. 6.
③　Биржевые ведомости. Первое издание. Утренний выпуск. 1914. 26 окт. С. 8.

时段内）连续刊登了这类报道（1914～1917年，该报刊登的分析型报道约占所选12种报纸中此类报道总量的1/2，1914年8～12月，该比例为5/6），其他8种报纸则不定期地登载了少量此类报道。《工商业报》中刊登的此类报道最详尽全面。《财经报》于1915年秋季至1916年夏季期间刊登的此类报道最严谨、最能吸引读者，自1916年其发行人И. О. 阿贝尔索恩接管了《戏剧评论》后，该报对此类报道不再感兴趣。值得注意的是，《商人报》与《日报》刊登的此类报道明显具有同步性，其中前者重点关注大型资本主义企业的某些联合行为，后者则与积极规划并实行具体垄断活动的银行联系密切。《商业电报》和《圣彼得堡新闻》主要在1915年期间刊登了此类报道。《俄罗斯意志》及《俄罗斯之晨》是在1916年末至1917年初才连续刊登与垄断现象和各种垄断趋势相关的分析型文章。只有对这些报纸中的所有此类报道进行系统研究后，才能刻画出当时俄国工业垄断化的整体情形。

　　报纸中既有针对事件本身的报道（即具体事件型报道），又有对事件进行分析总结的报道（即论述事件的分析型报道），我们可将前者当作第一手史料，与其相比，分析型报道对实际状况的反映过于主观。研究者要对具体事件型报道进行主观加工后才能对分析型报道做出判断。И. Д. 科瓦里钦科曾说道："第一手史料对实际状况做出两次乃至多次的主观反映都不会降低所反映内容的客观程度。但是，报纸在分析实际状况时十分主观，研究者对分析型报道进行评估时颇具困难。此时，第一手史料（即具体事件型报道）对研究者来说特别重要，因为它们包含诸多初始信息。"[1]

---

① Ковальченко И. Д. Методы исторического исследования. С. 117—118.

　　当前，一些历史学家利用各种历史研究方法对报纸中的具体事件型报道进行整理，然后将整理所得的结论与报道撰写者的分析结果进行对比，并判断分析型报道是否客观。本章在研究与大型公司的联合行为相关的报道时借鉴了历史学家的研究经验。我们首先在各报中找出这两类报道，然后总结了它们的特点，并利用定量分析法对它们进行了分析，最后我们得出：若某些报纸的报道之间联系紧密，那么这些报纸反映的实际事实也是一致的。

　　要记住，我们是根据工业垄断的 5 个本质特点在所选报纸中寻找与俄国大型资本主义企业的联合行为相关的报道。这 5 个特点分别是：其一，工业公司为了共同销售产品而联合（即销售型联合）；其二，工业公司为了共同购买原材料和其他必需的生产资料及设备等而联合（即采购型联合）；其三，生产同类型产品的工业公司为了扩大生产而联合（即生产的横向联合）；其四，相近领域的工业公司为了扩大生产而联合（即生产的纵向联合）；其五，银行确立对工业公司的财政控制（即银行收购工业公司）。这 5 点便是我们确定出的 5 个垄断化趋势。

　　我们发现，仅凭报纸中与各企业间联合行为相关的报道不能判断所述垄断趋势是生产的纵向联合还是生产的横向联合。如果报道未说明这类联合行为是发生在相近生产部门间，那么笔者便认为其所述垄断趋势是生产的横向联合。另外，某些银行会给予某些企业资金支持。笔者认为：就算银行间接参与了企业的联合行为，这类联合行为仍然只属于这些企业的业务范畴。只有某银行（或某银行集团）收购某企业的股票控制额时，我们才会考虑银行在此过程中的关键性。

　　通常，每个具体事件型报道（史料事实）仅与大型资本主义

企业联合过程中的某次业务活动（实际事实）对应。我们知道，各家报纸会对这些业务活动做出不同程度的反映：某些业务活动会被几家报纸多次报道，某些业务活动仅会被报道一次。我们将各报中与大型资本主义企业的某一联合行为相关的重复报道排除后，便能得出 1914 ~ 1917 年各报有关俄国各种工业垄断趋势的报道中史料事实和实际事实的数量（见表1）。

表1　1914 ~ 1917 年各报有关俄国各种工业垄断趋势的报道中
史料事实和实际事实的数量

顺序	各种垄断化趋势（表中各对比项）	数量	
		史料事实（与各种垄断化趋势相关的具体事件型报道）	实际事实（与各种垄断化趋势相关的具体事件型报道所反映出的事实）
1	销售型联合	49	22
2	采购型联合	32	15
3	生产的横向联合	311	116
4	生产的纵向联合	305	60
5	银行收购工业公司	74	41
6	所有 5 种类型	771	254

表1 中，我们将与各垄断化趋势相关的报道所反映的实际事实量作为评估各趋势发展程度的参照，该表选取的时间段（1914 ~ 1917 年）也与本书限定的时间范围（1914 年 7 月至 1917 年 10 月）大致相同。这一时期的报道反映了大型资本主义企业的联合行为，各类联合事实的数量能说明垄断进程中各趋势的发展特点。至于将季度作为时间分段的原因，笔者在第二章中已做出说明。表中的很多数值都是相对的，不能将其直接进行对比。为了便于研究，我们首先将垄断进程看作一个固定体系，然后对表中评估各垄断趋势发

展程度的数据进行了分类，并在此基础上得出了各垄断趋势间的数量对比关系。这一工作为接下来的分析奠定了良好基础。

日报能及时有效地反映客观事实。因此，从事件发生到报道事件之间存在的短时间隔我们通常可以忽略。研究发现，许多事实型报道在反映某些大型资本主义企业的联合行为时，会根据公司全体股东会议（会上股东们会批准联合行为）的工作报告来核实公司解决联合问题的日期。在一系列关于某联合行为的同类报道中我们会采用第一份报道的日期。

根据所选报纸中具体事件型报道所给出的大量资料，我们建立了数据系统，通过对比分析法能够确定：该系统中描述大型资本主义企业联合行为的各对比项之间具有紧密联系。

本章我们将以俄国日报中的报道为基础，研究是否可用报纸类史料来重现俄国工业垄断组织在最后形成阶段的整体情形。

* * *

要理解报纸撰稿人所提出的与俄国工业集中化及垄断化相关的分析性观点，就必须研究与大型资本主义企业的联合行为相关的具体事件型报道。下面我们将结合这类事实型报道研究报纸中的分析型报道。

根据所选报纸中有关垄断化进程的分析型报道，我们将1914～1917年这一时期划分为两个主要的垄断化阶段：一是，1914年夏季至1915年秋季（在这一阶段，辛迪加型联合公司的发展占主要地位）；二是，1915年秋季至1917年秋季（在这一阶段，托拉斯型联合公司的发展占主要地位）。这两个阶段又分别被划为两个时段。第一个阶段被划分为：1914年7月至1915年1月中旬；1915年1月中旬至1915年9月。第二个阶段被划分为：1915年10月至

1916 年 5 月；1916 年 6 月至 1917 年 10 月。

　　1914 年 7 月 20 日，许多俄国报纸刊登了题为《宣布战争》的社论。战争开始的第一周，《证券交易新闻》在经济评论中总结道："上周，谁也没能预见到欧洲经济生活会发生如此剧变。我们无法接受欧洲国民经济当前所面临的严峻形势，更不能预测欧洲的经济生活再发生何种变化。"[1] 8 月 18 日，莫斯科的《商业电报》在《主编寄言》中指出："如今，我报很少刊登商业类报道，这是因为读者对此类报道的兴趣已明显减弱，商业界也全神贯注地关注着战区传来的消息。有鉴于此，主编决定发行晚间报，主要在其中报道战事并反映莫斯科及各省的工商业生活。"[2] 很快该主编又告知读者，该报暂定每周仅发行 3 次。[3] 圣彼得堡的《证券交易新闻》也指出：战争开始后，国家的商业生活进入停滞状态，"战争强烈吸引着所有人的注意力，只有与战争相关的话题才能引起人们的关注，所有与日常生活相关的问题都退居次要地位"[4]。

　　因为人们对商业生活不再有多少兴趣，所以各报中与此相关的报道明显减少，但这并不意味着俄国的工业垄断进程及生产集中进程会因战争的开始而停滞。《证券交易新闻》和《圣彼得堡新闻》在战争头几个月刊登的报道证明：战争期间，俄国大型资本主义企业在工业垄断方面依旧持续发展。

　　《证券交易新闻》在 1914 年 8 月 14 日刊登了一篇文章，题为《建立大型辛迪加联盟的方案》，该文告诉读者："工商界形成了

---

[1]　Биржевые ведомости. 1914. 27 июля. С. 4.

[2]　Коммерческий телеграф. 1914. 18 авг. С. 1.

[3]　Коммерческий телеграф. 1914. 5 сент. С. 2。但到 10 月份该报又改版为日报。

[4]　Биржевые ведомости. 1914. 18 сент. С. 4. Банковая жизнь.

'各大辛迪加在战时建立高度联系' 的共识，在该共识的影响下各报集中对当前的市场形势进行了报道……重工业是反映国家工业生活整体状况的标志，目前该领域萌发出 '将所有大型辛迪加结为联盟' 的思想。提出该联盟方案的人认为，'各大辛迪加具有多年的经验，当它们面对如今市场上发生的一切变化时能够快速有效地做出反应。此外，这些辛迪加之间联系密切，一些辛迪加是其他辛迪加的消费者。各辛迪加结成联盟后会为了某一目的而合理安排经营活动，各大企业利用这些联盟能快速准确地掌握整个重工业领域的需求情况，国家在这些联盟的基础上能合理地采取某些措施来改善重工业的状况'。[①] 后来，各辛迪加组织并未建立《证券交易新闻》所说的联盟。本书中提到的在重工业领域起领导作用的辛迪加有：俄国冶金工厂产品销售公司；俄罗斯车辆制造贸易公司[②]；丰收公司（农机农具制造业辛迪加）；俄罗斯金属丝制造贸易公司（金属丝制造业辛迪加）；顿涅茨克矿区矿物燃料贸易公司（煤炭业辛迪加）。要想利用辛迪加的统计咨询信息及经验来合理评估当时的形势，就必须建立国家工业协调机构。

1914 年 8 月 14 日，《证券交易新闻》刊登了一篇文章，题为《冶金公司和机械制造公司的经济形势》。文中指出：银行密切关

---

① Биржевые ведомости. 1914. 14 авг. С. 6. Проект образования союза крупных синдикатов.

② 该股份公司是帝俄的车厢制造业辛迪加，俄文缩写为 Продвагон，俄文全称为 Общество для торговли изделиями русских вагоностроительных заводов。1904 年 7 月，为了调节车厢生产，车厢制造领域的 13 家企业合股组成该公司，它从 1906 年起开始运作，是帝俄重工业领域的大型垄断联合组织之一。起初，全俄 88% 的车厢均由该公司生产，1909～1913 年以及一战期间，其车厢生产量缩减。1918 年，该公司被苏俄政府收归国有。——译者注

注着大型资本主义工业公司的进一步生产集中化，银行还会予以这些企业相应的资金支持。"实际上，此时大部分冶金公司和机械制造公司的最大股东几乎都是各大商业银行。许多大型冶金公司还拥有自属的煤矿和铁矿，这样便能满足自己生产所需的原材料。辛迪加组织成立后，企业的所有结算都是通过总销售处进行，总销售处成为连接工厂与市场的经济纽带。"①

1914 年 9 月 26 日，《证券交易新闻》又谈道：俄国冶金工厂产品销售公司与该辛迪加旗下的各家冶金工厂将联合生产的合约又延长了一年。该合约将于 1916 年 1 月 1 日到期，其中协议联合生产的产品包括：铁板、宽钢带、轮箍、轴承、铁梁、槽钢、型材及钢轨。② 该年 10 月份，各报告知读者：负责调查俄国冶金工厂产品销售公司和顿涅茨克矿区矿物燃料贸易公司这两大辛迪加如何开展经营活动的专门委员会已暂停工作。③

实际上，这一时期的生产集中化进程不限于重工业领域。《证券交易新闻》告诉读者："尽管当前处于战争的极端情况，但许多股份公司依旧会为了讨论新方案和金融政策而召开全体股东大会。"④ 该报还向读者介绍了如下事件：当前，格洛里娅和卡尔·别兹戴卡这两家巧克力厂联合为股份制公司⑤；新的火柴业辛迪加

---

① Биржевые ведомости. 1914. 15 авг. С. 4.
② Биржевые ведомости. 1914. 26 сент. С. 6。除南俄冶金公司之外的所有该辛迪加参与者都签订了新合约，另参见 Коммерсант. 29 сент. С. 2。
③ Биржевые ведомости. 1914. 3 окт. С. 6；Петроградские ведомости. 1914. 4 окт. С. 5；Коммерсант. 1914. 6 окт. С. 3；Коммерческий телеграф. 1914. 6 окт. С. 2.
④ Биржевые ведомости. 1914. 6 сент. С. 6. Из жизни акционерных обществ.
⑤ Биржевые ведомости. 1914. 28 сент. С. 6.

在赫尔辛基建立了火柴销售办事处（该辛迪加同时还出台了提高火柴价格的决议）①；俄国烟草业托拉斯收购了位于芬兰的文具用品厂②；里加烟草业工厂主为了调节生产及市场价格而订立了地区性协议③。

1914年10月23日，《证券交易新闻》在《经济专栏》中刊登了一篇题为《战争与生产集中化》的社论。文中证实道："企业主们，尤其是重工业领域的企业主们当前都在制定不同的生产集中化方案……可以预测，到这场战争结束时，生产集中化进程可能依旧在快速发展。"虽然这些方案还不够确切，但《证券交易新闻》特别强调道：某些工业公司已经就这类方案进行了对话。④

1914年11月30日，И. 伊林斯基在《圣彼得堡新闻》中发表了一篇有关巴库地区石油企业主代表大会的文章，文中他非常明确地提出，集中化进程是工业发展的必由之路，"此届巴库石油企业主代表大会有180家石油公司的代表参加，这些公司的总部都在圣彼得堡，所以此次大会不在巴库举行，而是在圣彼得堡举行，很多公司和银行的董事会主席出席了会议。会上，以诺贝尔公司为首的少数石油集团显现出明显的优势地位。这说明，石油工业将集中到少数大公司手中，石油开采业内的民主化也将无从谈起。虽然，现在有几百家中小型石油企业在苟延残喘，但将来只会有少数公司最终存留下来，那时参加该会议的将不再是180家公司的代表，而仅仅是10～12家公司的代表。然而，石油工业的集中化进程终将完

---

① Биржевые ведомости. 1914. 28 сент. С. 6.
② Биржевые ведомости. 1914. 7 окт. С. 6.
③ Биржевые ведомости. 1914. 10 ноября. С. 4.
④ Биржевые ведомости. 1914. 23 окт. С. 6.

成，阻止该进程的所有努力都是徒劳的"[1]。

各报讲述道：战争初期国内商业生活相对平静，后来不同工业领域的生产集中化进程不断加强，银行对此进程也保持着积极关注，虽然这一时期需要做好适应战时新条件的长期准备，但俄国的金融寡头很快便从心理上适应了这种状况。这间接地表明：一战前夕形成的国家金融资本体系在战时已经成熟。

从一战爆发到 1915 年 1 月中旬是战争的最初时期，此时报刊界认识到：俄国工业领域出现了新的辛迪加发展高潮。[2] 这一时期俄国的各种工业垄断趋势可以从我们分析的以下材料中反映出来。

1915 年 1 月，《证券交易新闻》和《商人报》都刊登了关于组建区域性辛迪加组织来销售铁梁（在圣彼得堡地区）以及农机、农具（在欧俄和亚俄的北部地区）[3] 的消息。该月，《圣彼得堡新闻》刊登了如下一则传闻：在新条件下，顿涅茨克矿区矿物燃料贸易辛迪加将择日就恢复生产举行会谈……旧协议原定于 1918 年到期，如今却提前了 3 年，将于 1916 年 1 月结束……为了应对前文提到的反辛迪加诉讼案件，该会谈将暗中进行。该报称，此传闻是从煤炭工业领域传出来的，并不可靠。[4] 这类消息于此时传出并非偶然，其实，莫斯科的铁梁经销商延长协议期限的消息于 1915 年 1 月份时已是众人皆知。[5]《商人报》指出：在一些大型工业中心的地区市场肯定会形成贸易类辛迪加。[6]

---

① Петроградские ведомости. 1914. 30 ноября. С. 1. Съезд 180 – ти.

② Коммерсант. 1915. 16 янв. С. 1. Передовая статья "Новые синдикаты".

③ Биржевые ведомости. 1915. 13 янв. С. 6; Коммерсант. 15 янв. С. 2.

④ Петроградские ведомости. 1915. 20 янв. С. 5.

⑤ Биржевые ведомости. 1915. 29 янв. С. 8; Коммерсант. 4 февр. С. 3.

⑥ Коммерсант. 1915. 15 янв. С. 2.

2月份,《俄罗斯之晨》告知读者:圣彼得堡烟草制品出口公司要在莫斯科成立办事处,该办事处将通过当地批发商来销售公司产品,这些商人要保证只销售该辛迪加的工业产品。① 另一家莫斯科报纸《商业电报》谈道:棉纺织领域的工厂主们已经达成了协议,以后莫斯科的工厂主和商人便能以统一的市场标准去销售细纱及其他纺织品。②

3月份,《证券交易新闻》十分确信地说道:从某种程度上讲,战争影响了辛迪加组织在俄国的发展策略……许多企业担忧潜在的工业衰落,这些企业通常对任何辛迪加组织都抱有敌意,它们尽可能保持自身的独立,但又不得不将自己的利益与辛迪加紧密联系起来。正因如此,俄国冶金工厂产品销售公司(最具影响力的冶金业辛迪加)与各订约人毫无障碍地续订了1914年的合同……许多辛迪加组织在一战前就已出现,战争促使机器制造公司、制铁公司、机械制造公司不断巩固自己在辛迪加组织中的地位。面对政府部门,俄罗斯车辆制造贸易公司旗下的各车厢制造公司坚决维护自身利益,不断提高车辆价格。战争时期,俄国还出现了许多新的辛迪加,它们都欲利用特殊时期获取利益。工业界人士明确谈道:许多临时辛迪加组织在金属贸易及其他产品的贸易中发挥着必要作用。③

各报还报道:巴库和阿斯特拉罕地区的渔业主组成了辛迪加,伏尔加河流域的各轮船公司之间也达成了协议。④《日报》强调道:

---

① УтроРоссии . 1915. 15 февр. С. 7.

② Коммерческий телеграф. 1915. 24 февр. С. 3.

③ Биржевые ведомости. 1915. 14 марта. С. 6. Война и синдикаты.

④ Торгово-промышленная газета. 1915. 19 марта. С. 3; День. 20 марта. С. 5.

"经济生活中出现的困难会迅速引起工业领域、贸易领域及交通领域的集中联合。如今这些领域都迅速辛迪加化。"①

在俄国各工业领域辛迪加化的同时，各大企业在生产方面进行了横向联合和纵向联合。1915 年 1 月到 4 月上旬，各报谈到如下事件：为了进一步扩展企业规模，诺贝尔兄弟公司欲在 3 年之内收购 И. А. 阿赫韦尔多夫的石油开采股份公司和 Г. С. 邓波特的轮船公司②；为了完成军事部门的订单，В. Г. 斯托尔的机械制造股份公司收购了榨油工厂并将其重新装配为金属工厂③；俄国矿业冶金联合公司的所有权转归租赁该公司的熔铁厂、制铁厂及铸钢厂总联合公司④；拉斯托夫亚麻纺织公司组建了自属的亚麻织造厂⑤；圣彼得堡的俄罗斯文具用品股份联合公司在沃洛格达省收购了新林地⑥；库尔斯克制糖厂收购库尔斯克省的尼古拉耶夫制糖厂⑦；俄亚银行把对亚历山大洛夫斯克制糖厂联合公司的财政监察权转给俄罗斯对外贸易银行⑧；银行团体就收购图拉－切尔卡瑟制糖厂进行了会谈⑨。《商业电报》在报道时强调道："在当前条件下，俄国的工业和贸易将很快被银行掌控。"⑩

我们分析了各报在 4 月份的报道后总结出如下事实：Г. А. 列

---

① День. 1915. 20 марта. С. 5. Новые синдикаты.

② Биржевые ведомости. 1915. 17 февр. С. 6；Коммерсант. 19 февр. С. 2.

③ Коммерсант. 1915. 3 февр. С. 3

④ Биржевые ведомости. 1915. 6 марта. С. 6.

⑤ Коммерсант. 1915. 28 февр. С. 3.

⑥ Биржевые ведомости. 1915. 18 марта. С. 6.

⑦ Утро России. 1915. 1 марта. С. 7；Коммерческий телеграф. 1915. 4 марта. С. 3；Коммерсант. 1915. 6 марта. С. 3.

⑧ Коммерсант. 1915. 4 марта. С. 2. ；Обозрение театров. 1915. 8 марта. С. 17.

⑨ Коммерческий телеграф. 1915. 10 апр. С. 2；Коммерсант. 1915. 15 апр. С. 3.

⑩ Коммерческий телеграф. 1915. 17 апр. С. 1. Передовая.

斯涅尔股份制机械公司收购了菲尼克斯机器制造公司（圣彼得堡）的股票控制额。在 Г. А. 列斯涅尔股份制机械公司对此次收购做出决议后的第二天早晨，大多数报纸都刊载了该公司股东大会的工作报告。① 此后一周内，《证券交易新闻》又从经济视角对这件事进行了阐述，该报认为，生产集中化进程正在不断发展，此事件便是该进程中的一个典型事例。② 该报很快又关注了金属加工业领域内大型资本主义企业的新联合行为——科洛姆纳机械制造股份公司收购艾米利·利普哈特股份公司的巴奇曼诺夫斯克工厂。《证券交易新闻》认为，这一联合行为应该被视作生产集中化进程不断推进的表现，受当时战争的影响，这种趋势会进一步发展。③

　　一战时期，报刊界不仅关注了金属加工领域的垄断化进程，还关注了纺织企业和制糖企业的生产集中化。1915 年 5 月末至 6 月初，许多报纸都登载了纺织出口贸易公司（由丹尼洛夫纺织工厂、许布内罗纺织工厂及康什纳纺织工厂联合而成）收购古塞夫织布厂的相关消息。据报道，签订收购合同后，А. Г. 古塞夫的织布厂就变为股份制公司，其股份资本为 100 万卢布，А. Г. 古塞夫将持有该公司 45% 的股份，其余的 55% 由买方公司持有，纺织出口贸

---

① Торгово-промышленная газета. 1915. 18 апр. С. 3；Биржевые ведомости. 1915. 18 апр. С. 6；Обозрение театров. 1915. 18 апр. С. 13—14；Коммерческий телеграф. 1915. 18 апр. С. 2；День. 1915. 18 апр. С. 6；Утро России. 1915. 18 апр. С. 6；Речь. 1915. 18 апр. С. 6。随后刊登该股东大会工作报告的报纸有：Коммерсант. 1915. 21 апр. С. 2；Петроградские ведомости. 1915. 3 мая. С. 3。《财经报》、《证券交易通讯》及《俄罗斯意志》在此时还未开始发行。

② Биржевые ведомости. 1915. 19 апр. С. 3. Экономическая неделя.

③ Биржевые ведомости. 1915. 3 июля. С. 6. К слиянию т-ва "Эмиль Липгарт и К°" с Обществом Коломенского машиностроительного завода. 这篇社论被《商业电报》转载，详见 Коммерческим телеграфом. 1915. 6 июля. С. 3。

易公司有权独家出售古塞夫股份制织布厂的产品，亦有权让该厂生产某种特定商品。此外，一些报纸还报道：纺织出口贸易公司就收购大型毛纺织工厂进行了会谈，目的是利用这类工厂生产廉价的毛织品和头巾。①

　　1916 年 6 月上旬，官办的《工商业报》指出："近期，许多制糖厂逐渐被商业银行所代表的大型资本控制，制糖业领域的生产集中化进程即将完成。"随后，私营的《证券交易新闻》《商业电报》也做了相似报道。② 据《商业电报》证实，当时首都所有的股份制银行不是向制糖厂提供资金支持，就是成为制糖厂的所有者。例如，俄罗斯外贸银行持有亚历山德罗夫制糖公司、科留科夫卡制糖公司及梅津诺夫制糖公司的多数股票，亚速湾－顿河银行是巴卡托夫制糖公司和马拉维斯卡制糖公司的控股者，俄亚银行是斯捷潘诺夫制糖公司和敖德萨制糖公司的控股者，莫斯科商业银行③是布拉格达金制糖公司和佩列韦尔基耶夫制糖公司的控股者，俄亚银行是图拉－切尔卡瑟制糖公司的大股东。此外，积极为制糖业提供资金的银行还有：圣彼得堡国际商业银行、贴现－贷款银行及伏尔加斯克－卡马银行。一些报纸在 5 月份便向读者报道：俄亚银行、敖德

---

① Коммерческий телеграф. 1915. 26 мая. С. 3；Торгово-промышленная газета. 1915. 5 июня. С. 5；Биржевые ведомости. 6 июня. С. 6；День. 1915. 7 июня. С. 6；Петроградские ведомости. 1915. 9. июня. С. 5.

② Торгово-промышленная газета. 1915. 6 июня. С. 5；Биржевые ведомости. 1915. 7 июня. С. 6；Коммерческий телеграф. 1915. 9 июня. С. 1. Передовая.

③ 该行是 1866 年在以 Н. Н. 苏肖夫、Т. С. 莫罗佐夫、И. А. 里亚明为首的 77 位地区企业主的倡议下于莫斯科创办的股份制商业银行，该行主要为中心工业区的纺织企业提供资金支持。1917 年 12 月该行被苏俄政府收归国有后并入俄罗斯苏维埃联邦共和国国家银行。——译者注

萨制糖公司及斯捷潘诺夫制糖公司共同组成了联合企业。① 首先对
此做出报道的是《日报》，我们在第一章中已经指出，《日报》是
从圣彼得堡的俄亚银行获取金融经济类信息。该报对这次联合行为
做了十分详细的报道，并指出：在斯捷潘诺夫公司租赁敖德萨制糖
公司后便形成该联合企业。《商人报》在 6 月份报道了梅津诺夫制
糖公司收购卡什佩罗夫制糖公司的细节。②

　　1915 年 7 月 25 日，B. C. 季夫在《工商业报》上发表了一篇
专题报道，该文描述了战争时期俄国工业领域发生的本质变化。③
他在此文中告诉读者："任何一场战争，包括如今在全欧范围内进
行的战争都必然会影响到各工业部门的发展状况。从工业危机时期
可以看出，不能经受住考验的那些弱势企业或者会被淘汰，或者会
向其他大型工业公司及金融企业寻求庇护。"B. C. 季夫强调道：
"这是经济生活中不可避免的发展历程……毫无疑问，当前的战争
极大地扩展了大型工业资本的活动范围，也使工业资本在国民经济
中的地位得到巨大提升。俄国在这方面也不例外。"该文不仅引用
了《工商业报》此前刊登的信息，还列举了金属加工业领域、纺
织业领域及制糖业领域内大型资本主义企业的联合行为。B. C. 季
夫认为，商业银行在工业公司的联合进程中发挥了至关重要的作
用。银行掌握了许多工业公司的多数股份后，便想以加快集中化进
程的方式来尽可能地缩减工业公司的日常支出，降低其购买原材料

---

① День. 1915. 3 мая. С. 6；Коммерческий телеграф. 4 мая. С. 2.
② Коммерсант. 1915. 12 июня. С. 3.
③ Торгово-промышленная газета. 1915. 25 июля. С. 1. Передовая статья "Война и концентрация производства". 该文在第一段逐字逐句转述了 9 个月前《证券交易新闻》（B. C. 季夫也曾为该报撰稿）所刊的同名文章，详见 Биржевые ведомости. 1914. 23 окт. С. 6。

的成本。

8 月份，B. C. 季夫又发表了一篇题为《银行与冶金工业》的文章，文中强调道："俄国各大冶金企业同俄国各大商业银行间具有密切的金融联系。各大商业银行的代表几乎都在各大冶金企业的董事会和委员会中任职。"一个月后该文在报刊界引起巨大反响。[1] B. C. 季夫在该文中还谈道，银行和各类企业间具有普遍联系，各银行在资助工业公司时分工明确：一些银行会着重为机械制造企业提供资金支持，另一些银行则只倾向于为冶金企业提供资金支持，还有许多银行团体只资助水泥企业、石油企业或其他工业公司。故银行和冶金企业间的相互联系完全不具有特殊性。

B. C. 季夫总结俄国辛迪加组织在战争第一年的活动时强调道：许多辛迪加组织的实力在战争期间得到巩固和加强，因为战争迫使政府不得不公开支持它们。[2]《证券交易新闻》认为，这些辛迪加组织是俄国各主要工业领域间的纽带。[3] 1915 年夏天，《圣彼得堡新闻》写道："当前，我们有理由相信，辛迪加组织能为政府生产充足的物资，能满足社会的需求。人们指责辛迪加是因为它们总人为地抬高价格并缩减生产，战争期间辛迪加的这些不利之处已不是人们关注的重点……研究辛迪加组织的变迁史后便可得出如下结论：需求集中化最能促进企业主间订立合约并结为联盟……当前，

---

[1] Торгово-промышленная газета. 1915. 26 авг. С. 4。该文的主要观点被《圣彼得堡》、《财经报》及《商业电报》转载，详见 Петроградские ведомости. 1915. 27 авг. С. 6；Финансовая газета. 1915. 27 авг. С. 2；Коммерческий телеграф. 1915. 16 сент. С. 2。另参见 Биржевые ведомости. 1915. 4. сент. С. 6。

[2] Торгово-промышленная газета. 1915. 25 июля. С. 1.

[3] Биржевые ведомости. 1915. 28 июня. С. 6. Мобилизация синдикатских организаций в России. 莫斯科的《商业电报》于 7 月 7 日转载了该文。

俄国正在动员工业转入战时状态，各工业领域都出现联合化趋势……这场战争必然会催生出许多新的辛迪加组织，那些未完成联合的工业领域必然会在战时的工业联合基础上实现辛迪加化。"①

9月份，《工商业报》刊登了一篇题为《对工业进行战斗动员时各类组织有何作用》的社论。该文谈到一个不争的事实：这场战争是各国在组织力及工业技术方面的较量，各类工商业机构、辛迪加、联盟都属于组织。俄国此时最需要的是能对市场所需商品进行销售调整的组织，因为它们不仅能促进产品的合理分配，还能有效地提高生产力。该文号召人们不要过分关注各类联盟和辛迪加的不利之处，并强调道："当前最应该关注这些联合组织的活动有哪些积极影响，并为它们提供适当帮助，同时还要利用它们在各方面的灵通消息，采用它们制定出的合理计划。总而言之，要利用它们熟悉工业领域的这一有利条件。"②

《商业电报》认为，官方的《工商业报》及半官方的《圣彼得堡新闻》不应该一再称赞辛迪加的活动。该报提醒读者道："战争时期，辛迪加确实是一种良好的组织形式，因为这种私有制企业对军备制造十分有利。但是，当国家生活步入正轨时，辛迪加组织依然会兼并中小型企业，并积累巨额资本，这必将对国家的经济体制造成致命伤害。"③

上述报道说明了政府当时对辛迪加持支持态度。1915年9月

---

① Петроградские ведомости. 1915. 8 июля. С. 1. Ильинский И. Война и синдикаты.

② Торгово-промышленная газета. 1915. 6 сент. С. 1.

③ Коммерческий телеграф. 1915. 12 сент. С. 2. Восхваление синдикатов.

份，《财经报》报道："工商部曾对顿涅茨克矿区矿物燃料贸易公司进行了调查。现在，政府对该公司的态度发生了变化，认为是否将该公司定性为辛迪加组织这个问题还需再次讨论。但我报认为，该公司就是辛迪加组织，因为它将顿巴斯地区所有从事采煤售煤的企业纳入麾下。"①

顿涅茨克矿区矿物燃料贸易公司与订约人终止合约后，该辛迪加自然便不复存在了。《财经报》向读者解释了该公司停止业务活动的原因。1915年夏季，该报让读者重点关注战争期间该公司的业务活动有哪些明显变化。通常，该公司生产的煤炭及无烟煤占顿涅茨克地区总产量的45%～50%，其所生产的焦炭是该地区焦炭总产量的90%。战争时期，为了对顿涅茨克矿区的固体燃料进行分配调整，该地区设立了燃料分配特别委员会，该委员会起初归交通部管理，到1915年转由工商部管理，在该机构开始运作后顿涅茨克矿区矿物燃料贸易公司便不能再发挥多大作用了……据该报所述，燃料分配特别委员会拥有丰富的统计资料和专门的机构，政府在战争初期便认为该机构比辛迪加组织更能合理分配燃料。②

一战期间，俄国形成了国家垄断体系，俄罗斯冶金工厂产品销售辛迪加是该体系的一部分，社会上普遍关注该辛迪加组织的未来前景，故各报就此进行了多次报道。曾有传闻称，政府决定从1916年1月1日起取缔俄罗斯冶金工厂产品销售辛迪加，《证券交易新闻》于1915年10月份驳斥了此传闻，该报解释道："我报询

---

① Финансовая газета. 1915. 25 сент. С. 2. Восстановление "Продугля".
② Финансовая газета. 1915. 31 авг. С. 2. "Продуголь" и война.

问了该辛迪加的董事会，从所得信息来看，这一传闻毫无根据。以下消息也都不可信：其一，该辛迪加在哈尔科夫的分支机构已被撤除；其二，该辛迪加在基辅的分支机构将被撤除；其三，该辛迪加在莫斯科的分支机构在近几日也会被撤除。因为该辛迪加的董事会已告知我报，所有的分支机构都将继续正常运作，它们从未打算停止活动。"[1] 1915 年 12 月份，各报又报道：俄国冶金工厂产品销售公司与订约人将合同有效期延长至 1917 年 1 月 1 日。[2]

辛迪加组织的活动范围绝不限于重工业领域，各报还论及了火柴业、烟草业、渔业和炼油业等领域的辛迪加组织。据《证券交易通讯》和《商业电报》所述，国家生活的"各个方面都受到辛迪加的影响"[3]。

我们发现，各报在 1915 年报道：一些工业公司为了共同采购原材料和其他必需的生产资料而进行联合。《证券交易新闻》谈道："如今，各家制革厂为了共同购买原材料也组建了联合公司，这是制革业为实现辛迪加化而效仿其他工业领域所迈出的第一步，这些联合公司不仅着眼于组织化的实现，还打算对生产进行调节。"[4] 报道撰写人根据这类联合行为的特点，将这种联合公司定

[1] Биржевые ведомости. 1915. 30 окт. С. 6. Неверные слухи о распадении "Продамета".
[2] День. 1915. 5 дек. С. 6；День. 1915. 22 дек. С. 6；Коммерсант. 1915. 7 дек. С. 2；Коммерческий телеграф. 1915. 22 дек. С. 6。后来该合同的有效期又被延长了一年。1918 年，俄国冶金工厂产品销售公司被苏联政府收归国有。
[3] Биржевой курьер. 1916. 18 ноября. С. 1；Коммерческий телеграф. 1916. 22 ноября. С. 1.
[4] Биржевые ведомости. 1915. 12 мая. С. 6. Война и концентрация производства в России.

义为"采购型辛迪加"，这类辛迪加广泛存在于纺织业领域。《俄罗斯之晨》提到了机械制造业领域组建集体制工具厂的方案。[1] 一些报纸还对基辅成立的西南地区制糖厂代售局进行了报道，该代售局承担着诸多任务：一方面，负责组织出售各工厂生产的砂糖；另一方面，负责购买生产砂糖所需的原材料和物资。[2] 1915 年 11 月，《证券交易新闻》报道：采矿业工厂主在俄罗斯南部地区举行了例行大会，会上决定成立采矿业工厂主团体，为的是以合作的方式获取原材料。[3]

报纸中的具体事件型报道反映了许多新的社会现象，但报道撰写人并未充分认识它们。虽然报纸中的分析型报道也未能深刻剖析这些新现象，但这些报道能大致反映出俄国工业垄断所处的新发展阶段。该阶段的主要特征是：先前在不同工业领域内形成的辛迪加不仅增强了自身地位，还加强了自身影响力；出现了新的辛迪加类型（以地区性辛迪加组织为代表）；生产的横向联合和生产的纵向联合都得到了发展；商业银行在工业公司的联合行为中起到越来越重要的作用；政府开始公开支持辛迪加并利用它们的一些组织化经验。

1915 年秋天，许多报纸都指出：在俄国工业托拉斯化的过程中各类辛迪加进一步发展，其特征也日益明显。10 月 30 日早

---

[1]　Утро России . 1915. 6 мая. С. 6. Последние вести.

[2]　Биржевые ведомости. 1915. 4 июля. С. 6；Коммерсант. 1915. 4 июля. С. 2；Торгово-промышленная газета. 1915. 11 июля. С. 3.

[3]　Биржевые ведомости. 1915. 19, 24 ноября. С. 6.《商人报》在 1916 年 12 月 5 日报道：该大会的创办人很快又在哈尔科夫成立了管理协会，其目的是为南俄采矿领域的各家企业提供原料物资，详见 Коммерсант. 1916. 5 дек. С. 2. Закупочный синдикат горнозаводскойпромышленности.

上，《证券交易新闻》向读者报道了这样一则简讯："莫斯科地区传来了非常重要的消息——丰收公司目前正在大规模扩展自己的经营活动，该公司是1913年底形成的农业机械辛迪加，如今，俄国农业机械制造领域的所有独立股份公司几乎都加入该辛迪加组织中。最新消息显示，该辛迪加组织打算对生产和价格进行调整。由此看来，丰收公司正从辛迪加转向托拉斯……该报还总结道：如今，该辛迪加组织实际上领导着俄国所有的农业机械制造厂。"①

　　一个月之后，在《财经报》的第一版上刊登了著名经济学家 И. И. 列文的一篇题为《成为托拉斯》的专门文章，该文章是关于本国方糖制造工业的。文章作者得出了这样的结论："通过利用辛迪加来整合销售使得方糖制造业开始沿着调节生产的道路向前发展。横向生产联合是与纵向生产联合同步进行的。方糖制造企业和它们的资金提供者们共同收购砂糖工厂，以确保自身产品的生产，同时还要考虑专用纸、煤炭和木材等原材料及生产所需的消耗品。当前我们的方糖制造工业所遵循的发展道路便是通向托拉斯的道路。"②

　　但是报纸并没有刊登辛迪加向托拉斯转变的实例。就像我们现在所了解的那样，这是不可能的。正如苏联学者 В. И. 巴维金和 К. Н. 达尔诺夫斯基所做的研究那样：垄断的发展并非按照"从辛迪加到托拉斯那样的直接路线"。俄罗斯的康采恩和托拉斯并非从

---

① Биржевые ведомости. 1915. 30 окт. С. 6. Расширение сельскохозяйственного синдиката, "Урожай".

② Финансовая газета. 1915. 30 ноября. С. 1。《财经报》中的这篇文章随后被《商业电报》转载，详见 Коммерческий телеграф. 1915. 3 дек. С. 2.

卡特尔及辛迪加产生而来，但是同其有着非常复杂的关联。① 与此同时，辛迪加在合营生产领域的统治地位为托拉斯及康采恩的产生创造了先决条件。

11 月中旬，《商人报》在一篇社论中指出："到目前为止，工业领域内出现了一些新的发展形式，尽管这种形式依旧不清晰、不确定，但却具有足够的活力。"该报还做出了如下结论："各大银行在战争初期拒绝为新企业提供资本，但从近期开始它们越来越乐于为工业公司提供资金支持……还有一些银行为那些被遗忘了很久的轻工业及养殖业公司注入大量资金。"②

一周后，《证券交易新闻》使广大读者注意到：在战争这个大背景下，石油工业领域内的集中化进程明显加快。根据报中报道，圣彼得堡银行积极参与了兼并"大量石油工业公司的方案，这些石油企业在战前都曾具有共同利益"③。12 月 2 日，该报刊登道："许多股份公司打算在近期增加资本以获取同行业其他公司的控制股票额……这种相互兼并的趋势在石油工业领域表现得尤为明显。"④ А. И. 曼塔舍夫股份公司曾为了获取纳夫塔兰股份公司和希霍夫股份公司的股票控制额而增加股份资本。12 月 3 日，《证券

① Бовыкин В. И. , Тарновский К. Н. Концентрация производства и развитие монополий в металлообрабатывающей промышленности России//Вопросы истории. 1957. № 2. С. 31.

② Коммерсант. 1915. 13 ноября. С. 1. Оживление промышленности.

③ Биржевые ведомости. 1915. 20 ноября. С. 6. Концентрация в области нефтяной промышленности.

④ Биржевые ведомости. 1915. 2 дек. С. 6. Увеличение основных капиталов акционернах компаний.

交易新闻》刊登了曼塔舍夫股份公司的董事会报告①，12 月 6 日
各报对该公司不久前举行的股东大会进行了报道②。12 月 7 日，
B. C. 季夫在《证券交易新闻》的每周经济评论中写道："石油工
业领域内的集中化进程显著加快。我们注意到：如今，一些很早之
前就存有共同利益的一些企业开始相互兼并。例如，为了对纳夫塔
兰石油工业公司及希霍夫石油工业贸易公司实现控股，A. И. 曼塔
舍夫石油工业贸易股份公司举行了股东特别会议，会上形成的决议
值得我们特别关注。"③ 1916 年 1 月，曼塔舍夫公司的全体股东大
会批准了上述决议。④ 随后，这三家公司便开始进行股份交易的相
关事务。

1916 年 1 月中旬，《财经报》开始对战争期间发生在国家经济
生活领域内的变化进行总体的描述和评价，该报的结论似乎与
B. C. 季夫于 1915 年 7 月在《工商业报》中做出的预言相同。《财
经报》写道："近段时期以来发生在国家经济生活领域内的种种事
件证明：经济生活领域内的各项重大变革会使小企业被兼并，会使
大型企业增强实力，还会使各企业相互联合，我们如今经历的这场
战争便有力地推动了这些企业的演变。在工业集中化过程中，有些

---

① Биржевые ведомости. 1915. 3 дек. С. 6. Доклад правления нефтепромышленного
   и торгового общества "А. И. Манташев и К°".
② Петроградские ведомости. 1915. 6 дек. С. 8； Торгово-промышленная
   газета. 1915. 6 дек. С. 4；День. 1915. 6 дек. С. 5。此后对此进行报道的还有：
   Финансовая газета. 1915. 7 дек. С. 3 ； Коммерческий телеграф. 1915.
   7дек. С. 6；Утро России. 1915. 8дек. С. 5；Речь. 1915. 8 дек. С. 5；Обозрение
   театров. 8 дек. С. 21； Коммерсант. 11 дек. С. 3。
③ Биржевые ведомости. 1915. 7 дек. С. 4. Экономическая неделя.
④ Биржевые ведомости. 1916. 27 янв. С. 6；Финансовая газета. 1916. 27 янв. С. 3；
   Речь. 1916. 27 янв. С. 6；Коммерческий телеграф. 1916. 27янв. С. 2；Коммерсант.
   1916. 1февр. С. 3；Петроградскиеведомости1916. 10 февр. С. 8.

行业越来越值得关注，对于这些行业来说，战争为它们提供了非常有利的发展局势，这些领域包括制糖工业、石油工业及冶金工业。在这个角度来说：某行业的集中化程度同市场行情的好坏是紧密相关的。"该报还对集中化的两个显著优势进行了分析："迫使市场接受自己提出的条件，成为价格的制定者"；"降低生产费用"。战争时期，会有一些专门的采购公司为各企业统一提供生产所需的原材料及燃料，这是集中化的一种新表现。1月15日，《财经报》在一篇题为《联合与集中》的文章中指出，集中化整体上还是沿着吞并和兼并这两条老路继续发展。为了证实这一点，该文不仅描述了冶金加工业和石油工业领域内大型资本企业的某些典型联合行为，还列举了制糖业、纺织业、保险业及铁路行业内的集中化事例。该文的作者总结道："在当前战争的大背景下，企业间开始了大规模的集中与联合。"①

我们在第二章中已经提到：各报中与大型资本企业的联合行为相关的事实型报道从1916年初开始迅速增多，同时，各报在一些分析型文章中也开始持续关注俄国工业领域的集中联合进程如何发展。

从1916年3月份开始，俄国工业界开始思考如何应对和平时期的市场行情。早在2月份的最后几天，圣彼得堡召开了冶金加工业代表大会，自此俄国又出现一个新的资产阶级代表机构，参加该会议的大约有30家机械制造及冶金加工企业，其工人总量超过2000人，股份资本达200万卢布，据各报估计，这些企业的年生

---

① Финансовая газета. 1916. 15 янв. С. 1. Передовая статья "Объединение и концентрация". 一周之后，《日报》在名为《联合与集中化》的简讯中重复了该文中的主要观点，详见 День. 1916. 22 янв. С. 6。

产总值大约有 60 亿卢布。① 大会召开的当天，《财经报》针对此刊登了一篇社论，文中强调，冶金加工业代表大会将成为俄国所有工业组织的代表者，因为它最具实力。② 此次会议提出了这样一项任务："建立既能在战时为国防服务，又能在和平时期良好运营的私有企业。"③

《证券交易新闻》对代表大会进行了报道后，又在每周经济评论中指出："当前，工商业阶层应该寄希望于将来，我们希望欧洲能够尽快恢复正常的生活……为了在战后继续进行合理生产，我国部分工商业者现在已经开始采取不同措施，一些大型企业也在系统地研究制定相关方案。" B. C. 季夫在一篇评论文章中告诉读者："在各家大型工业公司进行金融资本重组的过程中形成了很多金融财团，这些财团在未来将会为这些公司发行股票提供保障。这一时期俄国不仅出现了一些新的金融 - 工业团体，而且大型工业公司广泛参与到其他企业事务中的现象也开始大幅增加"④。正如我们所知，各企业间就是通过这种途径形成托拉斯垄断组织。一周后，《证券交易新闻》又说道：近期，俄国大型企业的领导也开始研究"将来如何经营辛迪加组织的问题"⑤。

1916 年 2 月 4 日，《工商业报》在总结上个月的俄国股份公司经营活动时指出：某些公司的董事会向股东们提交了关于近期增加

① Финансовая газета. 1916. 28 янв. С. 2；Утро России . 1916. 31 янв. С. 5；День. 1916. 4 февр. С. 6.

② Финансовая газета. 1916. 29 февр. С. 1.

③ Биржевыеведомости. 1916. 1 марта. С. 3. Съезд представителей металлообра-батывающейпромышленности. Резолюции съезда.

④ Биржевые ведомости. 1916. 7 марта. С. 4. Экономическая неделя.

⑤ Биржевые ведомости. 14 марта. С. 6. Война и синдикаты.

固定资本的计划，并说道，增加固定资本要与生产集中化同步进行，这样不仅能提高自身生产力，还能兼并其他企业，这些计划都将在各股份公司的全体股东大会上被宣布。[1]　一个月后，《工商业报》在《二月的股份制公司》一文中为读者详细介绍了各大资本主义企业扩展经营活动的计划，该文谈道："各大企业都开始召开股东大会，董事会将在会议上做报告，股东大会将对其报告内容展开讨论……从很多企业的董事会报告中可以明显看出，重新增加资本的目的就是扩大生产。为了实现这一目的，一些企业已在最主要的工厂里已培养出一批新工程师，并建立新的生产部门。采矿领域的各企业提高了原材料的开采量。还有一些企业专门组建了独立的股份公司。"[2]

3 个星期之后，关于上述话题的讨论依旧在继续，《工商业报》指出：自战争开始后的每月股票红利都远不及近两三个月的股票红利。机械制造业、机械维修业、冶金业、烟草业内的许多公司都已开始增加固定资本。很快，其他领域的许多大型工商业企业也将发行股票。各公司董事会以及为其提供资金支持的各银行都确信，发行新股票将会获得成功。许多公司在官方正式签字发行新股票之前就做好了相应的准备工作。与此同时，一些企业在发行新股票时，其原始股的数量在私营证券市场中不断增加。总之，证券交易市场上出现了短暂的繁荣，这是在和平时期才会有的景象。经营者都非常乐意将战争时期积累起来的大量资本投

---

[1]　Торгово-промышленная　газета. 1916. 4　февр. С. 4. Акционерная　жизнь　в январе.

[2]　Торгово-промышленная　газета. 1916. 4　марта. С. 3. Акционерная　жизнь　в феврале.

资于工商业领域。①

3月31日，《工商业报》在对俄国股份公司的活动进行总结时强调："正如我报此前所说，发行新股票所获的新资本被用来扩大生产。但与此同时，在很多情况下，部分新资本将被用来购买同行业其他企业的股份……这种购买其他企业股份后参与其经营活动的方式将使企业间走得越来越近……"②

该如何理解《工商业报》中所说的工业公司间"走得越来越近"呢？4月2日，该报在题为《冶金及冶金加工业》的社论中做出解释："原材料的生产问题是现代冶金工业中一项最基本的任务，这对于冶金加工业、机械制造业及机修业的发展都非常重要。在近期的工业高涨中，冶金同冶金加工业结合的趋势表现得非常明显。毫无疑问的是，一战后在该趋势的基础上会出现新一轮的工业高涨。因此，机械制造工业在将来必须关注如何自己组织原材料的生产。"③

《财经报》根据工业集中化在一战前工业高涨时期的发展状况，向读者预测了一战后的工业发展趋势：战争结束后，企业间会进一步联合，俄国工业的集中化程度将越来越高，"因为这些企业必须考虑战后局势的变化，为了摆脱战时及战后出现的不利经济后果，它们纷纷效仿西欧企业，相互之间确立共同利益并建立起密切联系后再由某些财为其提供资金支持"④。我们知道，金融垄断组

---

① Торгово-промышленная газета. 1916. 24 марта. С. 4. Война и частные эмиссии.

② Торгово-промышленная газета. 1916. 31 марта. С. 4. Акционерная жизнь в марте.

③ Торгово-промышленная газета. 1916. 2 апр. С. 1.

④ Финансовая газета. 1916. 14 апр. С. 2. Концентрация промышленности.

织便是通过这种方式形成的。

1916 年 5 月份，《证券交易新闻》谈道："在不同的工商业领域中存在着不同的金融垄断组织。一战后，人们对新产品的需求可能会提高，为了提高相关生产部门的工作效率，满足市场需求，各企业将采取相应措施。"① 1916 年夏季，为了进一步实现生产集中化，几家重要的大型工业公司实施了一系列方案。

报刊界专门对俄国工业的新局面做出了评价，报道撰写者发现：战争为工业发展创造了有利局势，许多工业领域内的集中联合进程发展迅速。在这一时期，生产集中化的趋势是：努力控制市场价格（辛迪加活动的典型特点）并寻找降低生产消耗的方法（托拉斯活动的典型特点）。与此同时，报道撰写者发现了如下一些现象：俄国开始出现一些新型企业，它们能满足一战后的市场需求，并为一战后的经营活动创造良好条件；在企业相互兼并的基础上形成了一些金融 - 工业集团及托拉斯垄断组织（这点是纵向生产联合趋势的典型特征）。

6 月 1 日，《财经报》在报纸首页的社论中写了以下内容："当前，建筑业领域的股份制企业得到迅速发展，这一现象值得我们特别关注……这一时期工业活动的特点是：为了保证企业生产中必需的原材料，各企业在生产私有化的基础实现纵向生产联合与垄断。"② 6 月 1 日前，《财经报》还刊登了一篇占据报纸 1/4 版面的大文章，该文详细叙述了巴尔维阿依涅公司的董事会关于收购尤佐夫卡工厂的报告，读者显然对这篇文章更感兴趣。

---

① Биржевые ведомости. 1916. 23 мая. С 4. Экономическая неделя.

② Финансовая газета. 1916. 1 июня. С. 1. Промышленное учредительство и его перспективы.

8月8日，《证券交易新闻》在每周经济评论中刊登了大型公司增加股份资本的诸多事实，并向读者解释道：这些公司都十分关心如何保障自己的原材料供应，尤其是燃料供应。但是，在当前短暂的过渡期内，想要在开放市场上获取充足的燃料几乎是不可能的。中小型企业和一些没有自属煤矿及油田的大型工业公司都要考虑如下两个因素：燃料的缺乏；各类燃料的价格极其昂贵。为什么会出现这两个因素呢？这是因为当前的燃料市场非常混乱，某些大型燃料企业的内部组织性极强，其他工业企业没法获取任何煤矿或者油田的专营权。但是政府和垄断了燃料市场的企业像两双无形的手，它们能够对燃料价格进行干预和调控。① 9月末，《证券交易新闻》又谈道："许多大型公司为了保障自身的原料和燃料供应，联合成各种共同购买原材料和辅料的工业组织。最近，这种工业组织得到非常迅速的发展，甚至连中小型公司也都想组成这种类股份制企业。"②

《日报》在《股份制组织形式和工业垄断进程》一文中用众多事实说明了各工业领域内的企业联合行为。该文作者发现："俄国各经济领域内的辛迪加化、托拉斯化、联合化进程从未达到当前的广泛程度……当前，市场上的燃料、原材料及半成品的价格很高，为了降低生产费用并巩固自身在市场上的垄断地位，企业主们会将各生产阶段中的企业组成大型联合公司。所以说生产材料的高价格

---

① Биржевые ведомости. 1916. 8 авг. С. 4. Экономическая неделя.
② Биржевые ведомости. 1916. 27 сент. С. 6. Организация новых акционерных обществ по совместной закупке сырых материалов. 两日之后该报道被莫斯科的《商人报》转载，见 Коммерсант. 1916. 29 сент. С. 2。

缓和了竞争，为工业辛迪加化和托拉斯化创造了有利条件。"① 该报还认为当时俄国"企业间的垄断联合程度在日益加强"②。

1916 年末至 1917 年初，《工商业报》《俄罗斯意志》《俄罗斯之晨》对过去一年的工业活动以及两年半的战争做出总结，我们利用这些报道能够确定俄国工业发展的某些普遍趋势。《财经报》和《戏剧评论》中鲜见此类总结性报道，这是因为《戏剧评论》只关注大型资本主义企业的某些具体活动。1916 年夏季，《财经报》的出版事务转由《戏剧评论》的主编兼出版人 И. О. 阿贝尔索恩负责，所以，此后《财经报》未再刊登分析总结型专题文章。

1916 年 12 月 14 日，《工商业报》刊登了一篇题为《工业发展新趋势》的社论。一战时期，俄国政府和社会对国民经济进行了新的调整，该文作者 Г. Г. 戈尔德贝格从这一调整中认识到了工业集中联合的一般进程……该文强调道：工业的集中联合要经历长时间的演变，该进程在战时的非常条件下向前迈了一大步。Г. Г. 戈尔德贝格发现工业领域有许多采购型联合组织，他特别关注的是那些为工业集团提供必需原材料的联合组织。③ 1917 年 1 月 5 日，Г. 卡斯别洛维奇在《工商业报》中发表了一篇社论，题为《1916年的工业领域》，他在该文中列举了一些事例，并在结论部分非常确切地指出：当前时期，各企业明显趋向于纵向联合。他写道："如今，工业领域以扩大生产为主，而非产品分配。为了扩大生产，各企业将各生产环节联合起来……辛迪加组织均以扩大生产为基础，那些以调节生产和生产专业化为基础的新工业托拉斯终将取代它

---

① День. 1916. 19 авг. С. 4.

② День. 1916. 10 окт. С. 4. Организационный процесс в промышленности.

③ Торгово-промышленная газета. 1916. 14 дек. С. 1.

们……在大型托拉斯出现之前，我国工业都处于托拉斯化的初期。"①

很快，《俄罗斯意志》中的两篇文章重述了《工商业报》的上述观点，这两篇文章的题目均为《工业领域的新趋势》。② 其中第一篇文章发表于 1916 年 12 月 20 日，该文谈道：战争期间，俄国出现了许多股份公司和合股公司，为的是保障各工业领域所需的燃料、原料、机器设备以及其他各种必要的生产资料。该文还解释道："某些地区及某些工业领域的大型企业联盟打算利用股份公司的形式来保障自身的生产物资……这些联盟组建股份制公司不光是为了联合采购并免除中介干预，还为了集体进行储藏、运输、预加工及开采工作，更是为了生产出联盟内各企业所需的生产工具、原料、燃料及各种其他生产资料。"第二篇文章则分析了俄国工业生产中出现纵向联合趋势的原因，并指出这种联合有以下 4 种类型：公司拓展规模；公司建立生产中缺少的新环节；某家股份公司向另一家股份公司收购某些小企业；某公司兼并其他公司。该文还指出："原料、生产工具及各种其他生产资料经常是市场上最紧缺的商品，几乎天天涨价……要想实现上述 4 种纵向联合，就要将那些具有实质联系的生产阶段和生产领域协调起来……商业银行在近期的工业建设、新工业布局、金融垄断组织及私人发行业务中都起到了重要作用。"

一个月后，《俄罗斯之晨》重复了这两篇文章的主要观点，该报写道："近来工业联合的趋势极度加强，一些报刊已指出：各工业公司必须建立工业集团，并在集团内部相互保障那些在市场上无

① Торгово-промышленная газета. 1917. 5 янв. С. 1.
② Русская воля. 1916. 20 дек. С. 7; Русская воля. 1917. 7 янв. С. 7.

法获得或很难获得的原料、生产工具及各种辅料。"①

1917 年 1～2 月，《证券交易新闻》和《工商业报》均刊登了 B. C. 季夫的文章，文中分析了 1917 年前俄国石油工业领域（十月革命前俄国的主导工业之一）内某些大型资本主义企业的联合行为。1916 年夏季，诺贝尔兄弟公司对俄国欧伊尔石油公司实现了控股，当时《戏剧评论》指出："当诺贝尔兄弟公司获得欧伊尔石油公司一半以上股权时，这两家大型石油集团便自然合并为一个统一的康采恩（大型联合公司）。"② 很快，该联合公司开始购买东部货运公司的运油船。1916 年 8 月，《日报》指出："欧伊尔石油公司不仅同东部货运公司有交易往来，还与诺贝尔兄弟公司建立了密切联系。总之，石油工业领域内各企业的集中化越来越强烈，托拉斯化也正在迅速加快。"③ 1916 年 9 月，《财经报》及《戏剧评论》的出版者 И. 阿贝尔索恩（不知名的经济学家）发表了一篇文章，题为《如今的诺贝尔公司》。④ 文中他着手研究了这家大公司的典型事件，根据他的描述，近些年来，该公司在资本集中方面取得了非常显著的成功，现在已经成为俄国石油工业领域的象征。И. 阿贝尔索恩指出：诺贝尔兄弟公司每月的石油开采量达到 850 万吨，而该公司旗下其他企业的石油开采量占全俄 50% 以上。也就是说，俄国 50% 以上的蓄油池、石油存储器、存储罐以及液体运输船都隶属于诺贝尔公司。该公司土地存储量也在不断提高。可以这么说，诺贝尔公司就相当于俄国半个石油工业。

---

① Русское утро. 1917. 8. февр. С. 7. Объединение промышленных предприятий.
② Обозрение театров. 1916. 28. июня. С. 9—10.
③ День. 1916. 12 авг. С. 4.
④ Финансовая газета. 1916. 21 сент. С. 2—3.

1917 年 1 月 17 日，许多报纸都刊登了俄罗斯石油公司董事会提交给全体股东大会的报告。该报告中谈到了 1916 年收购"海洋"公司、西伯利亚卡马贸易公司以及 1917 年对巴基石油公司实行控股等事宜。为了完成上述目标，俄罗斯石油公司将资本额提高了 1700 万卢布（从 3300 万卢布增至 5000 万卢布）。① 第二天早上，B. C. 季夫在《证券交易新闻》中发表了一篇文章，题为《新型石油托拉斯的形成》，文中写道："诺贝尔兄弟公司、欧伊尔公司及俄罗斯石油公司将联合为一个新的大型托拉斯组织。"②

5 天之后，B. C. 季夫在《证券交易新闻》的每日经济评论中又写道："石油工业领域的诺贝尔兄弟公司、欧伊尔公司及俄罗斯石油公司在决算周发行了大量新股票，由此所获的新资本将被用来在石油工业领域与贸易领域建立新的大型金融 - 工业公司。待预定方案实现时，俄国所有的石油工业和贸易都将掌握在这三大公司手中，很快它们相互之间也会发生激烈竞争。然而，这三大公司可能会在某一天形成联合，并效仿美国建立影响巨大的大型石油托拉斯。"③

---

① Биржевые ведомости. 1917. 17 янв. С. 8；Торгово-промышленная газета. 1917. 17 янв. С. 4；Финансовая газета. 1917. 17 янв. С. 2；Русская воля. 1917. 17 янв. С. 7；Речь. 1917. 17 янв. С. 5。1 月 18 日登载石油公司董事会报告的报纸有：Обозрение театров. 1917. 18 янв. С. 18；Коммерческий телеграф. 1917. 18 янв. С. 2；Биржевой курьер. 1917. 18 янв. С. 3。1 月 19 日《商人报》又登载了该报告，详见 Коммерсант. 1917. 18 янв. С. 2。

② Биржевые ведомости. 1917. 18 янв. С. 3。该文被《1914～1917 年俄国石油工业领域的垄断资本》一书全部转载，详见：Монополистический капитал в нефтяной промышленности России. 1914—1917. Документы и материалы. Л.，1973. С. 268—269. Док. 144。另参见 Коммерсант. 1917. 19 янв. С. 2. Нефтяной трест（по телефону из Петрограда）。

③ Биржевые ведомости. 1917. 23 янв. С. 6. Экономическая неделя.

2 月 5 日，B. C. 季夫在《工商业报》上发表了一篇社论，题为《石油工业的金融结构》。他在其中非常详细地介绍了诺贝尔兄弟石油公司的相关信息，并得出如下结论："俄国石油工业迅速集中在少数大公司手中，这些金融－工业公司很可能会在短时间内形成联合，并建立起由私人掌控的石油托拉斯。"① B. C. 季夫还指出：石油托拉斯中的每一家公司都想要提升自身地位。的确如此，例如，诺贝尔兄弟石油公司于 1917 年 9 月份召开了公司全体股东大会，董事会在会上报告道："因为工业公司已出现托拉斯化和辛迪加化趋势，战后该趋势依然会持续，所以我们的当务之急是在整体上进一步扩展公司，以便能够在今后的联合中占据重要地位，并与其他大型集团平起平坐。"②

据各报证实，二月革命"并没有使俄国的工商业生活陷入紊乱"。《证券交易新闻》于 3 月 10 日写道："认购工商业公司附加股票的工作正在有序地进行着……革命前预定的认购截止期限没有被延后，以前的原始股东都急于利用自身的优先特权来认购新股票……革命前，许多工商业公司在全体股东会议上决定在近期扩大资本，如今这些决定依旧有效……革命没有引起任何经济骚乱，向私营信贷机构索要存款的现象在任何地方都未出现。"③ 几天后《商人报》写道："信贷机构被认为是国民经济的中枢神经，革命期间其业务活动与往常一样……私营信贷机构和国家信贷机构都像以前那样继续进行着贷款业务……私营信贷机构的发行业务也未受

---

① Торгово-промышленная газета. 1917. 5 февр. С. 2.

② Речь. 1917. 13 сент. С. 5；另参见 Речь. 1917. 17 сент. С. 5。

③ Биржевые ведомости. 1917. 10 марта. С. 8. Увеличение основных капиталов торгово-про- мышленных предприятий.

到极端事件的影响。"①

在新的社会经济条件下，俄国金融资本主义还欲循着旧道路去实现俄国经济的进一步集中化与垄断化。1917 年 4 月，B. C. 季夫在《证券交易新闻》中谈道："经历政治剧变后，俄国的劳动力市场和原材料供应市场都发生了重大变化，生产进一步集中化的问题也在此时凸显出来。当前，俄国各大工业公司的领导人就该问题进行了诸多讨论，由此产生的新方案对某些工业公司影响深远……生产集中化既要广泛又要深入……当前俄国工业正走在托拉斯化道路上。"② 各报还向读者报道：俄国的大型工业公司将很快联合为垄断组织。

我们可以看出，上述报道的撰写者仔细观察了俄国工业领域的集中化、垄断化进程，分析了该进程当时的发展趋势，并对其未来走向做出预测。所有报纸都指出：俄国工业领域的集中化和垄断化进程在一战期间发展得非常迅速，许多大型资本主义企业组成了新的销售型垄断联合，其中以区域性联合居多。一些早前就存在的辛迪加组织进行了扩展，并加强了自身地位。在同一工业领域或相近工业领域内各企业还进行了生产的纵向联合或生产的横向联合。签订战争和约后，俄国工业界准备加强工作。但是，市场根本不能为企业提供充足的原料和燃料，所以各企业联合起来共同购买原材料和其他必要物资，此为生产的纵向联合，这在当时被人们看作最重要的垄断化趋势，各报纸认为这是俄国工业垄断的新发展趋势。大型资本主义企业之所以联合是为了实现生产和销售的集中化、垄断

---

① Коммерсантъ. 1917. 15 марта. С. 1. Русский денежный рынок в дни революции.

② Биржевые ведомости. 1917. 14 апр. С. 6. Политический переворот и концентрация капиталов.

化，各报纸始终确信，商业银行在这些联合行为中起了关键作用。1916 年 12 月，B. C. 季夫在《工商业报》中谈道："毫不夸张地说，近些年俄国工业领域推行的每一个重大方案都有银行的参与。"[1] 他还对上述几种俄国工业垄断趋势进行了区分，并指出各个时期内哪些趋势优先发展。

报纸中的所有分析型报道值得关注，从这些报道中我们知道：一战期间，纺织业、冶金业、甜菜制糖业、金属加工业、石油业及烟草业的垄断化进程快速推进，通过这些领域我们能从整体上认识俄国工业垄断的发展过程和主要趋势。

报纸中的分析型报道将一战期间俄国经济集中化与垄断化的整体情形作为重点论述对象。为了判断这些报道的客观性，历史学家首先必须对其中所述的整体情形和一手史料（即具体事件型报道）进行对比。

* * * *

要研究报纸中的分析型报道，就要将与俄国工业领域大型资本主义企业的联合行为相关的事实型报道作为一手史料。分析型报道概括了垄断化进程的整体情形，具体事件型报道则描述了这一进程中的各类联合行为，为了对比这两类报道，我们在表 2 中统计了具体事件型报道中各类联合行为的数量。

尽管表 2 中各时间分段长短不一，但是我们利用这些时间分段能够总体上判断俄国五大工业垄断趋势的发展进程。当时的报纸说道："在战争的头几个月，垄断化进程缓慢发展。"虽然本书没有

---

[1]　Торгово-промышленная газета. 1916. 18 дек. С. 2. Передовая статья "Увеличение капитала петроградских банков".

研究报纸于第一次世界大战前夕刊登的报道（与表中的时间分段相比，战前时期很短暂），但报纸在1914年第三季度和第四季度所报道的大型资本主义企业的各类联合行为并不多，这便能证实当时报纸提出的这一观点。各报在分析型报道中指出：1915年第一季度，辛迪加高度发展，我们根据表2中第一个垄断趋势（销售型联合）的相关数据可清楚地认识到这点。《商人报》于1915年11月指出：工业领域出现了明显的复苏迹象。由表2中1916年第一季度的数据可知，从这一时段开始，垄断化进程明显加快。1916年8月和10月，《日报》论断道："俄国国民经济各领域内的辛迪加化、托拉斯化及联合化从来都没有扩展到如此宽广的范围。"从表2中1916年第三季度和第四季度的数据来看，由此可知：企业主间的垄断联合在日益扩大。

表2 1914～1917年俄国整个工业领域的垄断化趋势
（报纸所报道的整个工业领域内各类联合行为的数量）

类型	1914年		1915年				1916年				1917年		各类总量
	第三季度	第四季度	第一季度	第二季度	第三季度	第四季度	第一季度	第二季度	第三季度	第四季度	1～2月	3～10月	
1 销售型联合	1	1	4	2	3	2	3	1	2	1	2	0	22
2 采购型联合	0	0	0	2	1	2	0	0	2	6	1	1	15
3 生产的横向联合	2	3	7	13	6	10	10	8	8	23	6	20	116
4 生产的纵向联合	0	1	3	2	4	0	6	9	12	7	8	8	60
5 银行收购工业公司	0	0	3	1	2	1	4	5	7	6	6	6	41
6 五种类型总计	3	5	17	20	16	15	23	23	31	43	23	35	254

从所研究的报道中可以看出，撰稿人虽未深入分析俄国工业领域的垄断化和生产集中化进程，但他们连续地记录了该进程中的各

种具体现象，并在分析型报道中非常准确地区分出该进程中的各重要阶段，然而，我们很难根据这些内容确定当时各种垄断化趋势间的联系到底有多紧密。《工商业报》曾对 1916 年整个工业领域的活动做出总结，并指出：托拉斯内的诸企业能依靠该组织实现生产专业化和生产调节……销售型联合行为的数量在 1916 年相对减少。然而无论是报道撰写者还是后来的历史学家都没有从各种垄断趋势间相互关系的角度来研究第一次世界大战期间的垄断发展进程，我们可以利用这一时期俄国报纸中与大型资本主义企业的联合行为相关的报道来进行这方面的研究。

我们将采用对比分析法研究表 2 中与各垄断化趋势相关的原始数据，并在此基础上评估各趋势间的关联程度。本书在第二章中已阐述了对比分析法。

在表 3 中，我们可以看到评估各垄断化趋势间关联程度的等级对比系数。显然，第一种趋势是工业公司联合起来销售产品，用于评估该趋势与其他趋势间关联程度的等级对比系数皆为负，相反，其他所有趋势间的对比关系均为正，这一点在整个表格中显得非常独特。我们在第二章中评估各对比项间的关联程度时，将 0.5 作为等级对比系数的临界值。由表 3 可知，第四个趋势和第五个趋势间（即生产的纵向联合与银行收购工业公司间）具有非常紧密的联系（等级对比系数为 0.92）。第二个趋势和第三个趋势间（即采购型联合与生产的横向联合间）的联系也较为紧密，它们之间的对比系数为 0.61。表中其余的等级对比系数都低于 0.5。

俄国各种工业垄断趋势在第一次世界大战期间均取得发展，我们对具体事件型报道中各类企业联合行为的数量进行比较分析后，能够评估表格中各垄断趋势间的关联程度，并进一步明确这些趋势

表 3　1914～1917 年俄国各种工业垄断趋势间的
相互关系（等级对比系数）

单位：%

顺序	各种垄断化趋势 （表中各对比项）	等级对比系数				
		1	2	3	4	5
1	销售型联合	—	− 06	− 15	− 12	− 06
2	采购型联合	− 06	—	61	16	37
3	生产的横向联合	− 15	61	—	30	46
4	生产的纵向联合	− 12	16	30	—	92
5	银行收购工业公司	− 06	37	46	92	—

间的对比关系。生产的纵向联合与银行收购工业公司这两种垄断趋势间的相互联系最为紧密。我们知道，由大型资本主义股份制企业形成的联合组织是生产社会化的形式（相近领域的企业通常会以股份制的形式实现联合），这类组织是在工业资本和银行资本结合的条件下形成的。这些企业的联合通常是银行活动的直接结果，不借助银行资本无法建立类似的联合组织。所以，第一次世界大战期间同时出现的两种垄断化趋势分别是：银行对新工业公司确立控制权（第五个趋势）；银行通过重组公司及扩大公司规模来确立对工业公司的控制权（第四个趋势）。我们需认识到，俄国工业领域的垄断化进程是一个统一的整体，成熟的金融资本关系在该进程中起着重要作用。

从表 3 中可知，第二个趋势（工业公司为共同购买所需的原料物资而联合）和第三个趋势（生产的横向联合）间的相互联系也颇紧密。战争期间从市场上获取原料和物资变得来越困难，工业公司必须进行自我保障。利用生产的纵向联合能使这一困难在组织内部就得到解决，但利用生产的横向联合无法解决。因此，生产同

类产品的公司要在合作的基础上建立专门的联合企业，以此为各公司提供原料、设备及其他必需物资。

表3中第一个趋势和其他各趋势间的对比系数为负，这显然表明：第一次世界大战期间，俄国各类辛迪加正面临矛盾的形势。这一方面是因为战争使国家经济生活陷入混乱，这种局势在很大程度上促进了已有辛迪加的巩固，也促进了新卡特尔和辛迪加的出现；另一方面是因为战时国家经济领域最主要的任务不是分配生产，而是调整生产。

我们对一战期间俄国企业联合的相关资料进行了对比分析，并在此基础上描述了垄断化进程中各不同趋势间的相互联系。当然，这些描述都只是概括性的总结。我们在对各领域那些复杂而矛盾的微进程进行总结概括时还参考了与各类联合行为相关的事实型报道。

表4、表6、表8、表10用各类联合行为的数量分别对4个工业领域（纺织工业、冶金工业、甜菜制糖业、金属加工业）的垄断化进程进行了说明，各报所反映的企业联合中有近2/3（65%）属于这4个部门。表5、表7、表9、表11则基于各类联合行为的数量得出了各种垄断化趋势间的等级对比系数，利用这些系数可以评估第一次世界大战期间俄国各种工业垄断趋势间的关联程度，这四个表格中正等级对比系数的值很高，由此说明它们所对应的各项之间存在非常紧密的联系，我们将对这些正等级对比系数进行分析。

表4对各报中与纺织企业的联合行为相关的大多数报道进行了统计。从该表数据可知，这些报道中一半以上反映了生产的横向联合趋势。我们发现，仅凭史料无法确定报纸描述的是同类企业的联

表4　1914～1917 年俄国纺织业的垄断化趋势

（报纸所报道的该工业领域内各类联合行为的数量）

	类型	1914 年		1915 年				1916 年				1917 年		各类总量
		第三季度	第四季度	第一季度	第二季度	第三季度	第四季度	第一季度	第二季度	第三季度	第四季度	1～2月	3～10月	
1	销售型联合	0	0	1	0	1	0	0	0	1	1	1	0	5
2	采购型联合	0	0	0	1	1	1	0	0	1	5	0	0	9
3	生产的横向联合	1	1	1	2	2	1	1	1	3	10	3	10	36
4	生产的纵向联合	0	0	1	1	1	0	0	2	1	1	0	0	7
5	银行收购工业公司	0	0	0	0	0	0	1	0	2	1	0	3	7
6	五种类型总计	1	1	3	4	5	2	2	3	8	18	4	13	64

表5　1914～1917 年俄国纺织业各种垄断化
趋势间的相互关系（等级对比系数）

单位：%

顺序	各种垄断化趋势（表中各对比项）	等级对比系数				
		1	2	3	4	5
1	销售型联合	—	36	47	38	09
2	采购型联合	36	—	44	40	15
3	生产的横向联合	47	44	—	11	60
4	生产的纵向联合	38	40	11	—	- 08
5	银行收购工业公司	09	15	60	- 08	—

表6　1914～1917 年俄国冶金业的垄断化趋势

（报纸所报道的该工业领域内各类联合行为的数量）

	类型	1914 年		1915 年				1916 年				1917 年		各类总量
		第三季度	第四季度	第一季度	第二季度	第三季度	第四季度	第一季度	第二季度	第三季度	第四季度	1～2月	3～10月	
1	销售型联合	0	0	1	0	0	0	0	0	0	0	0	0	1
2	采购型联合	0	0	0	0	0	1	0	0	0	0	0	0	1
3	生产的横向联合	0	0	1	0	0	0	0	1	2	1	3	9
4	生产的纵向联合	0	0	0	0	1	0	2	0	3	2	5	15
5	银行收购工业公司	0	0	1	0	0	0	1	2	4	2	1	11
6	五种类型总计	0	0	3	0	1	1	2	4	3	9	5	9	37

表7　1914～1917年俄国冶金业各种垄断化
趋势间的相互关系（等级对比系数）

单位：%

顺序	各种垄断化趋势（表中各对比项）	等级对比系数				
		1	2	3	4	5
1	销售型联合	—	− 09	19	− 28	14
2	采购型联合	− 09	—	− 29	− 28	− 28
3	生产的横向联合	19	− 29	—	62	90
4	生产的纵向联合	− 28	− 28	62		46
5	银行收购工业公司	14	− 28	90	42[①]	—

①原文如此，实际上应为46。——译者注

表8　1914～1917年俄国甜菜制糖业的垄断化趋势
（报纸所报道的该工业领域内各类联合行为的数量）

类型	1914 年		1915 年				1916 年				1917 年		各类总量
	第三季度	第四季度	第一季度	第二季度	第三季度	第四季度	第一季度	第二季度	第三季度	第四季度	1～2 月	3～10 月	
1 销售型联合	0	0	0	0	1	0	1	0	0	0	0	0	2
2 采购型联合	0	0	0	0	0	0	0	0	0	0	0	1	1
3 生产的横向联合	0	0	1	4	1	1	7	3	0	2	0	0	19
4 生产的纵向联合	0	0	0	0	0	0	0	0	1	1	0	0	2
5 银行收购工业公司	0	0	2	1	2	1	2	1	0	0	1	0	10
6 五种类型总计	0	0	3	5	4	2	10	4	1	3	1	1	34

表9　1914～1917年俄国甜菜制糖业各种垄断化
趋势间的相互关系（等级对比系数）

单位：%

顺序	各种垄断化趋势（表中各对比项）	等级对比系数				
		1	2	3	4	5
1	销售型联合	—	− 13	41	− 20	62
2	采购型联合	− 13	—	− 32	− 13	− 33
3	生产的横向联合	41	− 32	—	− 07	58
4	生产的纵向联合	− 20	− 13	− 07	—	− 48
5	银行收购工业公司	62	− 33	58	− 48	—

表 10　1914～1917 年俄国金属加工业的垄断化趋势

（报纸所报道的该工业领域内各类联合行为的数量）

类型	1914 年		1915 年				1916 年				1917 年		各类总量
	第三季度	第四季度	第一季度	第二季度	第三季度	第四季度	第一季度	第二季度	第三季度	第四季度	1～2月	3～10月	
1 销售型联合	0	0	1	1	0	1	0	0	0	0	0	0	3
2 采购型联合	0	0	0	1	0	0	0	0	0	0	0	0	1
3 生产的横向联合	0	0	1	2	0	2	0	2	0	4	0	2	13
4 生产的纵向联合	0	0	0	0	0	0	0	2	5	0	1	2	10
5 银行收购工业公司	0	0	0	0	0	0	0	1	2	0	0	0	3
6 五种类型总计	0	0	2	4	0	3	0	3	9	4	1	4	30

表 11　1914～1917 年俄国金属加工业各种垄断化

趋势间的相互关系（等级对比系数）

单位：%

顺序	各种垄断化趋势（表中各对比项）	等级对比系数				
		1	2	3	4	5
1	销售型联合	—	52	39	−40	−26
2	采购型联合	52	—	29	−21	−13
3	生产的横向联合	39	29	—	08	04
4	生产的纵向联合	−40	−21	08	—	74
5	银行收购工业公司	−26	−13	04	74	—

合还是相近生产部门间的企业联合。若报道中没有明确提到相近生产部门间的联合，笔者便会认为这些报道是关于横向生产联合的。因此，某些与纵向生产联合相关的报道有时也会被误当作横向生产联合的相关报道，这便造成了后一种联合趋势的相关数据虚高。表格中的数据还说明，纺织业领域内的采购型联合要比其他领域的这类企业联合行为多。与纵向生产联合、银行收购工业公司及销售型联合相关的数据证明了这些趋势在纺织工业中也得

到显著发展。

我们从表 5 中可看出：评估纺织工业各垄断化趋势间关联程度的所有等级对比系数中只有一个高于临界值，即第三项和第五项（生产的横向联合和银行收购工业公司）间的等级对比系数，其值为 0.6。这说明：一战期间，俄国纺织工业的集中化和垄断化主要通过横向生产联合来实现，而且银行也积极参与了这一进程。这一结论与专门研究 1914～1917 年工业领域垄断资本如何发展的研究者所得出的结论完全一致。[①]

我们还在各报中寻找了与大型资本主义冶金企业的联合行为相关的报道（与五大垄断化趋势相关的报道共有 37 篇），其中有 94.6% 叙述了生产的纵向联合（15 篇）、银行收购工业公司（11 篇）及生产的横向联合（有 9 篇报道）。显然，这三种垄断化趋势之间存在着最为密切的联系。

在表 7 中，评估冶金领域第三项（生产的横向联合）和第五项（银行收购工业公司）间关联程度的等级对比系数是最高正值，为 0.9，而评估第三项和第四项（生产的纵向联合）间关联程度的等级对比系数为 0.62。评估第四项和第五项间关联程度的等级对比系数为 0.46，虽然该值略低于临界值，但与表中其他数值相比该值相对较高。由此我们可知，生产的横向联合与生产的纵向联合间联系紧密，生产的纵向联合与银行收购工业企业这两种趋势间也

① Лившин Я. И. Монополии в экономике России (Экономическая организация и политика монополистического капитала). М., 1961. С. 70—76; Лаверычев В. Я. Монополистический капитал в текстильной промышленности России (1900—1917 гг.). М., 1963; Китанина Т. М. Военно - инфляционные концерны в России 1914—1917 гг. Концерн Путилова — Стахеева — Ватолина. Л., 1969. С. 100—107.

存在着较为紧密的联系。

我们认为，报道撰写者不仅证实了一战期间俄国冶金领域的纵向生产联合和横向生产联合是同步发展的，还强调了垄断化进程带有区域性的特点。例如，《证券交易新闻》在 1917 年 5 月发表了分析型长文《乌拉尔地区采矿工业的集中化》，该文向读者说明了乌拉尔地区及俄国南部采矿领域内某些企业间联合的特点，并证实道："南俄采矿领域早就形成了许多企业联合，与其相比，乌拉尔地区的这一进程具有完全不同的特点。以前，南俄企业联合中的每家企业通常都不具独立性，不能以独立企业的形式存在。如今，乌拉尔地区的企业联合没有将企业的独立性消除。乌拉尔地区采矿领域的企业联合一般是通过企业间相互交易股票来完成的。两家企业组成联合时，一家企业通常会持有另外一家企业的多数股票，商界人士称之为股票控制额，作为交换，这家企业也会将自身相应的股票额售给另外那家企业。为了实现这种股票交易，两家企业往往会扩大自己的固定资本。"《证券交易新闻》还说道："首都的各家银行是大型资本主义企业联合的组织者和领导者，由于银行的参与，我们很难将联合组织内各家企业的利益清楚区分开来。"①

显然，俄国冶金领域的垄断化进程被报道撰写者打上了区域性的印记。历史学家在研究银行和冶金企业的公文资料时得出的结论以及笔者在各报中找出的与大型资本主义企业的联合行为相关的具体事件型报道都证明：在乌拉尔、南俄及俄国中部地区的冶金领域内，同类企业的联合及相近生产部门间的企业联合是非

---

① Биржевые ведомости. 1917. 9 мая. С. 6.

常普遍的。① 无疑，大型银行在这类垄断组织的形成中起了决定性作用。

从表 8 可知，报纸对甜菜制糖业内的横向生产联合和银行收购工业公司这两种垄断化趋势的报道最多，分别为 19 篇、10 篇，占 5 种趋势相关报道总数的85.3%（总数为 34 篇）。我们在报纸中找到的有关该行业纵向生产联合的报道并不多（仅 2 篇），这很可能是由甜菜制糖业特殊的垄断化进程所致。

研究俄国甜菜制糖业的 M. M. 古列维恰夫指出：企业要想向银行贷款，就需将产品和股票抵押给银行。一战期间，制糖企业将产品抵押后，大型银行尤其是圣彼得堡的银行为它们提供了大量贷款，银行由此掌握了大量糖产品，并对这些制糖企业确立了财政控制。在银行的倡议和直接参与下一些甜菜制糖工厂以方糖厂为中心建立了糖业生产组织，这加速了该领域合作化与垄断化的快速发展，当时，几家制糖业托拉斯在此基础上产生。例如，俄罗斯对外贸易银行在 1916～1917 年持有 19 家制糖工厂的股票控制额（14 家糖厂，5 家方糖加工厂），它同时也是 24 家制糖工厂的股东（17 家糖厂和 7 家方糖加工厂）。1915～1916 年，这 43 家制糖工厂总共生产了全俄一半左右的糖，同一时期内由圣彼得堡国际商业银行控股的 14 家制糖企业共生产了全俄 15% 的糖，由

---

① Лившин Я. И. Монополии в экономике России (Экономическая организация и политика монополистического капитала) . С. 62—64; Вяткин М. П. Горнозаводской Урал в 1900—1917 гг. М. —Л. , 1965; Буранов Ю. А. Акционирование горнозаводской промышленности Урала (1861—1917). М. , 1982; Лачаева М. Ю. Английский капитал в меднорудной промышленности Урала и Сибири в начале XX в. //Исторические записки. М. , 1982. Т. 108 и др.

俄国工商银行①控股的制糖集团共生产了全俄 8%～9% 的糖。②

一战期间，糖厂和方糖加工厂在银行保护下组成联合集团，这说明银行直接参与了制糖业的生产集中化进程。这一点可以从报纸中有关制糖厂相互联合与银行收购砂糖厂及方糖厂的报道中反映出来。M. M. 古列维恰夫还指出：一战期间，受银行监控的制糖企业还组成了销售型垄断联合。③

从表 9 中我们看出：第一项（销售型联合）与第五项（银行收购工业企业）间的等级对比系数为 0.62，该值高于表中所有其他系数，这说明制糖业内的销售型联合与银行收购工业公司这两种趋势很可能是同步发展的，但该值是对表 8 中的原始数据进行统计分析后得出的结果。表 8 中第一个垄断化趋势的相关数值中有许多都为 0，这说明该垄断化趋势和其他垄断化趋势间的等级对比系数是有局限性的。表 9 中，第三项（生产的横向联合）与第五项（银行收购工业企业）间的等级对比系数也超过了临界点，其值为 0.58，表 8 中，这两类联合行为的数量也最多，这说明该对比系数值较为客观，也说明一战时期制糖业内这两类联合行为间联系密切。

---

① 该行是帝俄最大的私营商业银行之一，1890 年在法国私有银行的参与下创建于圣彼得堡。1914 年，其业务总额在全俄银行排名中占第 5 位，其总资产为 4400 卢布，同时它还控制着 20 家企业（它们的总资产达 11900 万卢布）。1917 年，其业务总额在全俄银行排名中占第 6 位，该年它所控制的企业增为 74 家（它们的总资产为 29200 万卢布，其中有 26 家重工企业，9 家制糖企业，13 家铁路企业，6 家轮船企业）。——译者注

② Гуревичов М. М. Государственно-монополистические тенденции в России（на примере сахарной промышленности）//Вопросы истории. 1969. № 2. С. 46—50.

③ Гуревичов М. М. Государственно-монополистические тенденции в России（на примере сахарной промышленности）//Вопросы истории. 1969. № 2. С. 47，49.

从表 10 中可知：各报有关金属加工领域各垄断化趋势的所有报道（共 30 篇）中，与纵向生产联合（13 篇）及横向生产联合（10 篇）相关的报道最多，占 76.7%。我们在各报中只能找出 3 篇直接描述银行收购工业公司的报道，该数量远少于前述各工业领域内该垄断化趋势的相关报道量。

我们在前几章已指出：金属加工业与圣彼得堡各大银行之间联系密切。但是报纸中有关银行收购该领域企业的报道并不多，这可能是因为银行虽参与了各大金属加工企业的联合行为，但大部分报道对银行为这些公司提供资金支持并直接参与其业务这一点绝口不提。

对表 10 中的数据进行对比分析后便能肯定这一判断的正确性。表 11 中第四项和第五项间的等级对比系数是所有系数中的最高值，为 0.74，该值说明金属加工领域内的纵向生产联合与银行收购工业公司这两种垄断化趋势间具有紧密的联系。

*　*　*　*

本章以俄国报纸中与工业垄断进程相关的报道为基础进行了研究，并描述了该进程的整体情形。

笔者对所选报纸中的分析型报道进行了系统研究后划分出俄国工业垄断进程的时间分段，明确该进程中的各主要趋势。笔者不仅对 1914～1917 年各种垄断化趋势的发展状况进行了仔细研究，还说明了它们分别在哪些工业领域最显著。

报纸撰稿人在分析型报道中对第一次世界大战期间俄国工业领域垄断化和集中化的整体情形进行了总体描述。我们对报纸中与大型资本主义企业的联合行为相关的具体事件型报道进行分析不仅能检验报道撰写者所做的评估是否正确，还能清楚地认识垄断化进程

的方向、范围及速度，更能准确详细地描述该进程的整体情形。笔者还对具体事件型报道中大量有关 1914～1917 年俄国工业领域垄断化进程的数据进行了比较分析，该分析体系中的主要对象是各种垄断化趋势，通过这种分析既能评估这些趋势间的关联程度又能明确它们发展的同步程度。

必须指出，我们采用的定量分析法对深入分析整个工业领域和其中某些领域的各种垄断化进程是十分有益的。在与工业垄断相关的报道中，不仅能看到已言明的信息，还能发现银行参与工业公司事务的相关隐含信息。虽然隐含信息很能说明银行在一战期间如何参与工业公司的联合行为，但在分析时不能将它们作为原始资料。我们研究俄国整个工业领域以及某些工业领域的垄断化进程时发现，若银行成为工业公司的直接买主或银行对企业提供暗中资助，那么银行参与工业企业和生产联合这两类垄断化趋势间的等级对比系数值通常会较高。

总而言之，报纸报道所反映的是第一次世界大战期间俄国工业领域的国家垄断趋势。在许多分析型报道中都谈道：战争时期，"国家机构控制了一些辛迪加组织的专门化生产部门，通过它们国家能够在最短时间内按计划快速分配订单，并迅速核实该部门内各家企业的最大生产力。国家机构同时还控制着为各企业分配所需生产资料的专门机构"①。

笔者还发现，俄国报纸中与一战期间国家垄断资本主义体系的形成和作用有关的连续事实型报道并不多。

---

① Биржевые ведомости. 1916. 31 янв. С. 6. Война и синдикаты；Биржевые ведомости. 1916. 17 ноября. С. 6. Война и синдикатское движение в России.

结　论

　　俄国金融资本主义体系在俄国经济中发展成熟的过程可在众多报纸中反映出来。19 世纪时，俄国只有 3 家圣彼得堡的日报持续登载大型资本主义企业的相关报道。第一次世界大战前夕，工业发展出现高涨，这极大地刺激了人们对工商业类报道的需求，此时圣彼得堡和莫斯科已有 9 家报纸连续登载此类报道。1914 ~ 1917 年，在已有报纸继续发行的背景下，一些新报纸陆续出现，这间接证明：战争期间俄国大型资本主义工业持续发展，并在国家经济中占据重要地位。

　　我们在所研究报纸中选择的都是与俄国工业领域中大型资本主义企业的联合行为相关的报道。这类报道涉及不同工业领域的许多企业，能够说明垄断进程中的重要现象。我们对这些报道进行分析后得出如下结论：与大型资本主义企业的联合行为相关的大部分报道通常被刊登在拥有不同信息来源的报纸中。从这些报纸中能找到诸多有关大型工业的信息，而且其中每家报纸中都有其他报纸不具备的信息。

　　在众多因素的共同作用下许多日报都刊登了大量与大型公司相关的信息，这些因素主要包括以下方面。

其一，报纸是当时主要的信息传播媒介，资本主义企业在客观上需要利用报纸来为自身活动做宣传。

其二，各家大型银行为众多大型工业公司提供了资金，各报主编与这些银行建立了密切联系后便能了解这些公司的重要业务，并获取及时可靠的信息。

其三，以下三种原因造成报纸内容的集中：多家报纸的发行权掌握在同一人手中（例如，《戏剧评论》和《财经报》由 И. O. 阿贝尔索恩一人负责发行，《证券交易通讯》和《商业电报》由 A. Я. 古特曼一人负责发行）；某人同时为多家报纸撰稿（例如，B. C. 季夫同时为《证券交易新闻》和《工商业报》撰稿）；许多报纸直接转载其他报纸已刊登过的报道。

要想知道各家日报在报道俄国大型资本主义工业公司的联合行为时持何种倾向，以及各报信息间的联系有多紧密，就要运用报纸中的分析型报道和事实型报道来进行研究。对这些报道进行分析后，我们得出：第一次世界大战期间俄国报纸登载了大量有关企业间联合行为的报道，《商人报》、《商业电报》、《证券交易新闻》、《财经报》、《戏剧评论》和《工商业报》刊登了其中的大部分报道，这 6 家报纸都在我们所选的 12 家报纸之列，它们所报道的内容相互间联系紧密，虽然它们仅为所选报纸数的一半，但其刊登的此类报道占 12 种报纸总报道量的 3/4 以上。

各报纸中与俄国大型资本主义企业的联合行为相关的报道既连贯又完整，因此以这些报纸为史料基础来研究俄国工业的集中化与垄断化进程是十分有意义的。

不同报纸对大型资本主义企业的报道能够有效地补充公司档案中缺少的某些公文资料。我们要将报纸作为重要的补充史料来研究

各股份制联合公司是如何形成的。与现存的公司全体股东大会笔录和董事会报告相比，报纸中的信息能更完整地重现垄断化的具体情形。研究公司全体股东大会时，使用革命前的成套俄国报纸要比使用现存的相关公文资料更合理。只有根据报纸内容明确了股份制公司的历史梗概后，才能合理应用公文资料。

我们从报纸中得知：第一次世界大战期间，集中化和垄断化进程不是存在于个别企业，而是贯穿于整个国家的经济发展进程。大型资本主义企业的公文资料主要反映了某些公司的历史以及联合公司的形成过程。报纸资料与之不同，它们刻画了俄国工业垄断的总体趋势，此外，报纸中还有许多与该进程相关的详细信息。

所以，我们可以将报纸中与大型资本主义企业的联合行为相关的报道作为基础来描述俄国工业垄断的整体情形，在描述其具体细节时再应用其他史料中的信息加以补充说明。

研究报纸中的分析型报道和事实型报道能够检验当时人们的观察结果是否客观。通过研究我们可明确：十月革命前，俄国各家日报中的分析资料能大致描述第一次世界大战期间俄国工业垄断的情形。

笔者在本书中系统地研究了所选报纸中的分析型报道，并在此基础上描绘了 1914～1917 年俄国工业垄断的整体情形。对此类报道进行分析后还可明确出第一次世界大战期间俄国工业垄断的基本发展趋势和时间分段，找出大型资本主义企业的联合行为在哪些工业领域最集中、最普遍。

同时，利用报纸中的事实型报道实际上能够补充并细化俄国工业垄断的情形。我们以所选报纸中的事实型报道为基础，找出了大量能反映 1914～1917 年俄国工业垄断趋势的资料。将这些资料进

行对比分析后便能明白俄国某些工业领域及整个工业部门中各类垄断化趋势间的联系有多紧密。

众所周知，"从历史学著作中引用的内容和历史学家所论证过的内容都不是科学的史实。科学的史实是概念化的事实，是用历史概念阐明事实。历史学家要以史料及事物间的必然联系为基础，才能客观地描述出科学的史实"①。对所选 12 家报纸中的信息进行系统研究后可知：将报纸中有关大型资本主义企业的诸多报道作为史料，能够反映 20 世纪初俄国经济领域的集中化与垄断化进程（当时俄国社会经济发展中最重要的进程）。但从理论和实践这两个角度来看，应用十月革命前各报纸登载的报道来研究俄国的工业垄断进程的历史学家并不多。

---

① Барг М. А. Категории и методы исторической науки. М. , 1984. С. 162.

图书在版编目（CIP）数据

俄国工业垄断：1914－1917：媒体记录的历史／
（俄罗斯）戈里科夫·安德烈·格奥尔吉耶维奇著；张
广翔，白帆译．－－北京：社会科学文献出版社，2018.4
（俄国史译丛）
ISBN 978－7－5201－2481－2

Ⅰ.①俄…　Ⅱ.①戈…　②张…　③白…　Ⅲ.①垄断－
经济史－史料－研究－俄罗斯　Ⅳ.①F151.29

中国版本图书馆 CIP 数据核字（2018）第 056496 号

·俄国史译丛·

俄国工业垄断（1914~1917）：媒体记录的历史

著　者／〔俄罗斯〕戈里科夫·安德烈·格奥尔吉耶维奇
译　者／张广翔　白　帆

出 版 人／谢寿光
项目统筹／恽　薇　高　雁
责任编辑／颜林柯

出　　版／社会科学文献出版社·经济与管理分社（010）59367226
　　　　　地址：北京市北三环中路甲 29 号院华龙大厦　邮编：100029
　　　　　网址：www. ssap. com. cn
发　　行／市场营销中心（010）59367081　59367018
印　　装／三河市东方印刷有限公司

规　　格／开　本：787mm×1092mm　1/16
　　　　　印　张：13.5　字　数：159 千字
版　　次／2018 年 4 月第 1 版　2018 年 4 月第 1 次印刷
书　　号／ISBN 978－7－5201－2481－2
著作权合同
登 记 号／图字 01－2018－1798 号
定　　价／89.00 元